Impresión digital. ARGI006PO

Yolanda López Benítez

ic editorial

Impresión digital. ARGI006PO
© Yolanda López Benítez

1ª Edición

© IC Editorial, 2025

Editado por: IC Editorial
c/ Cueva de Viera, 2, Local 3
Centro Negocios CADI
29200 Antequera (Málaga)
Teléfono: 952 70 60 04
Fax: 952 84 55 03
Correo electrónico: iceditorial@iceditorial.com
Internet: www.iceditorial.com

ISBN: 979-13-7027-027-8
Depósito Legal: MA 1287-2025

Impresión: PODiPrint
Impreso en Andalucía – España

Nota de la editorial: IC Editorial pertenece a Innovación y Cualificación S. L.

Especialidad formativa

Se entiende por especialidad formativa la agrupación de contenidos, competencias profesionales y especificaciones técnicas que responde a un conjunto de actividades de trabajo enmarcadas en una fase del proceso de producción y con funciones afines.

Las especialidades formativas de Uso General, Formación Complementaria, Formación Modular y las especialidades formativas dirigidas a la obtención de certificados de profesionalidad se incluyen en el Fichero de Especialidades del Servicio Público de Empleo Estatal para su gestión en todo el territorio nacional por cualquier Administración competente.

Las especialidades complementarias, pertenecen todas a la Familia profesional de Formación Complementaria (FCO) y tienen la consideración de formación transversal en áreas que se consideran prioritarias tanto en el marco de la Estrategia Europea para el Empleo y del Sistema Nacional de Empleo como en las directrices establecidas por la Unión Europea. Se consideran áreas prioritarias las relativas a tecnologías de la información y la comunicación, la prevención de riesgos laborales, la sensibilización en medio ambiente, la promoción de la igualdad, la orientación profesional y aquellas otras que se establezcan por la Administración competente.

Las especialidades de Certificado de profesionalidad tienen una duración especificada en su normativa reguladora.

En el resultado de la búsqueda, se muestran las unidades de competencia, todos los módulos formativos con su duración y las unidades formativas del certificado correspondiente, con su duración. Las horas del certificado, exclusivo de las especialidades de certificado de profesionalidad, con alta igual o superior a 2008, son las horas totales más las horas del módulo de Prácticas Profesionales no Laborales.

- ⮞ **Si la especialidad tiene unidades formativas,** las horas totales, presencial, distancia, teleformación serán igual a la suma de esas horas de las unidades formativas de los distintos módulos, sin que se repita ninguna Unidad formativa.

➲ **Si la especialidad no tiene unidades formativas,** las horas totales, presencial, distancia, teleformación serán igual a las sumas de esas horas de los módulos formativos, eliminando las horas de los módulos repetidos.

https://sede.sepe.gob.es/especialidadesformativas/RXBuscadorEFRED/BusquedaEspecialidades.do

(Fuente: Servicio Público de Empleo Estatal)

Índice

OBJETIVOS GENERALES

Los objetivos generales del **ARGI006PO. Impresión digital** son los siguientes:

- ➲ Realizar impresiones digitales de calidad.
- ➲ Conocer en qué consiste la impresión digital, y reconocer el tratamiento y gestión de la información digitalizada para preparar los archivos hacia el lanzamiento de impresión.
- ➲ Analizar aspectos específicos relacionados con el tratamiento de la información, a fin de comprender cómo son las técnicas para crear un archivo digital listo para ser transmitido a la máquina de impresión.
- ➲ Abordar las características específicas de los diferentes tipos de sistemas de impresión digital y descubrir la tecnología y maquinaria necesaria que ofrezcan resultados para diversas áreas de aplicación.
- ➲ Destacar la importancia de saber cuáles son los mecanismos principales de la máquina digital para su puesta a punto, a fin de poder realizar el inicio de un trabajo ajustado a unas expectativas de calidad.
- ➲ Conocer las precauciones básicas para desarrollar correctamente el trabajo de impresión en función de las características exigidas en la tirada.
- ➲ Abordar los diferentes controles de calidad de un proyecto gráfico ajustado a un sistema de impresión digital.
- ➲ Analizar las medidas de seguridad de las instalaciones y de los dispositivos de protección incluidos en los planes de seguridad en la industria gráfica y la protección del medioambiente.

Recepción y tratamiento de los archivos flujo de trabajo digital

Contenido

Objetivos

El objetivo general de esta Unidad de Aprendizaje es:

→ Conocer en qué consiste la impresión digital, y reconocer el tratamiento y gestión de la información digitalizada para preparar los archivos hacia el lanzamiento de impresión.

Los objetivos específicos de esta Unidad de Aprendizaje son:

→ Saber establecer las diferencias entre la impresión offset y la digital.

→ Conocer en qué consiste el flujo de producción digital.

1. Introducción

A medida que la tecnología avanza, esta hace posible que en los diferentes procesos en los que interviene los resultados ofrecidos sean cada vez más significativos y sorprendentes.

En el mundo de la impresión, la tecnología de producto que engloba un conjunto de técnicas, métodos y conocimientos se une a las destrezas prácticas y competencias profesionales de quien las maneja, que, junto a los saberes teóricos que deben adquirirse, proporcionan en aquellos elementos en los que estas tecnologías de impresión son aplicadas una mejora considerable en el resultado final con sello propio.

En esta unidad vas a estudiar los fundamentos básicos de la impresión digital, de tal manera que te sirvan de sólida base para construir nuevos conocimientos que darán como resultado el aprendizaje y manejo de la técnica de este tipo de impresión.

Para ello, nos basaremos en el caso de José Luis, un profesor de escuela, convencido de que las nuevas tecnologías pueden ser aplicadas para un aprendizaje creativo transversal.

2. Introducción y objetivos

☞ HILO CONDUCTOR

José Luis es el responsable del nuevo espacio Fab Lab *(Fabrication Laboratory)*, que acaba de inaugurarse en un reconocido colegio internacional de Andalucía. José Luis pretende impulsar el aprendizaje de competencias digitales entre el alumnado. Pero también se ofrecerá este entorno creativo fuera del ámbito de la institución. Debido a esto, el taller de fabricación digital comienza a estar operativo y a disposición de la ciudadanía, en general, que desee adquirir conocimientos para la mejora de sus competencias profesionales mediante cursos específicos.

Para comenzar y puedas adentrarte en esta interesantísima temática, no está nada mal hacer una pequeña introducción de lo que se entiende por **impresión digital.**

DEFINICIÓN

Impresión digital
Es aquel proceso que hace posible la directa reproducción a papel u otros materiales, desde un documento electrónico o archivo digital y que puede ser instruido desde diversos dispositivos en un proceso guiado por profesionales competencialmente preparados.

Lo importante que trae consigo la impresión digital es que, a diferencia de la llamada impresión tradicional *(offset)*, elimina pasos en el proceso, aportando grandes beneficios como:

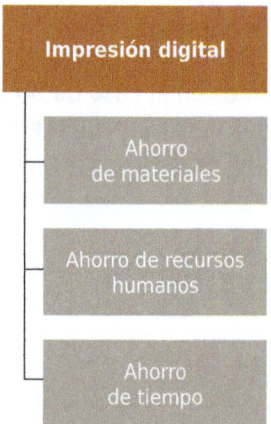

SABÍAS QUE...

El primer sistema de impresión de copias de imágenes fue originario de Aloys Senefelder en 1976, tomando el nombre de litografía, una innovadora técnica de entonces que fue capaz de ilustrar libros mediante imágenes.

Para que puedas ver la eliminación de algunas de estas fases dentro del proceso de impresión, la siguiente imagen te proporcionará una clara **comparativa** entre los dos **métodos:** el tradicional y el digital:

Comparativa entre los sistemas de impresión tradicional y digital

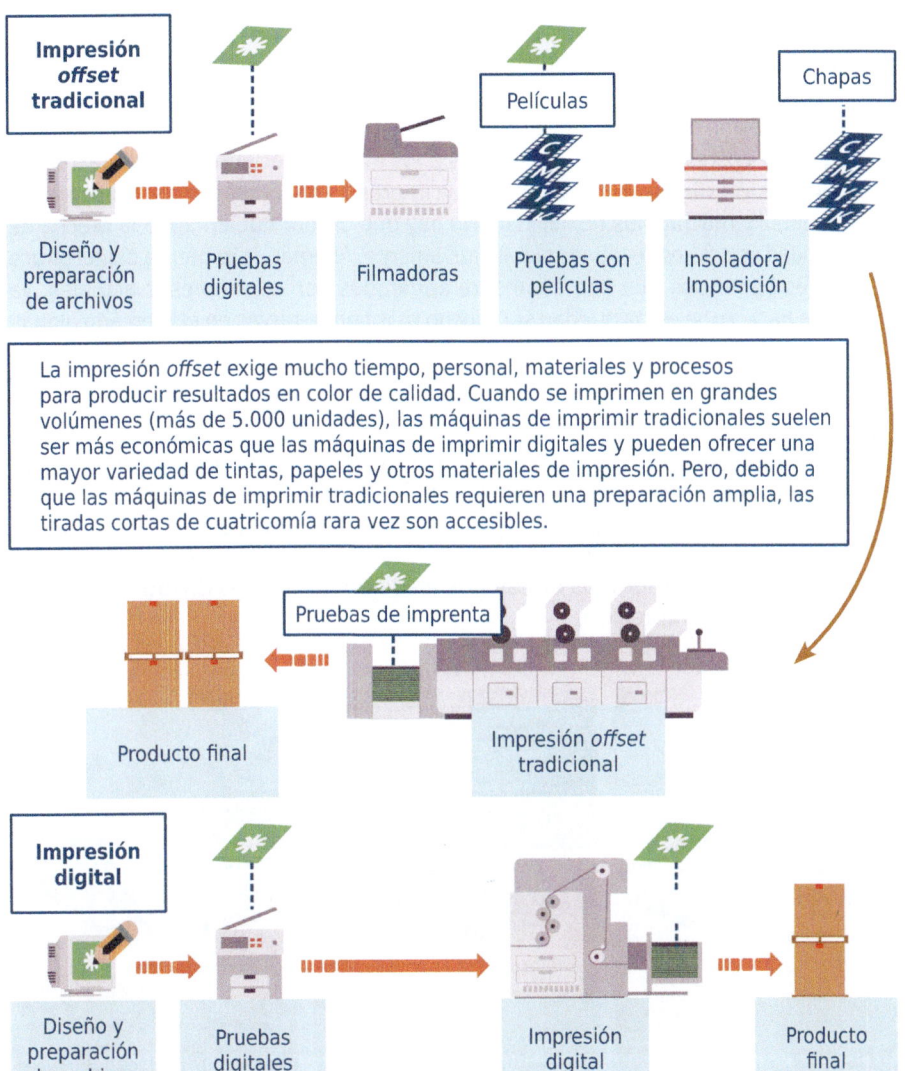

Impresión offset tradicional

Películas

Chapas

| Diseño y preparación de archivos | Pruebas digitales | Filmadoras | Pruebas con películas | Insoladora/Imposición |

La impresión *offset* exige mucho tiempo, personal, materiales y procesos para producir resultados en color de calidad. Cuando se imprimen en grandes volúmenes (más de 5.000 unidades), las máquinas de imprimir tradicionales suelen ser más económicas que las máquinas de imprimir digitales y pueden ofrecer una mayor variedad de tintas, papeles y otros materiales de impresión. Pero, debido a que las máquinas de imprimir tradicionales requieren una preparación amplia, las tiradas cortas de cuatricomía rara vez son accesibles.

Pruebas de imprenta

Producto final

Impresión *offset* tradicional

Impresión digital

| Diseño y preparación de archivos | Pruebas digitales | Impresión digital | Producto final |

La impresión digital elimina la creación de películas, automatiza la preparación y facilita pruebas directamente de la máquina de imprimir, por lo que se sabe exactamente lo que se está obteniendo. Debido a que las planchas o los tambores de muchas máquinas pueden volver al filmalse sobre la marcha, es posible hacer cambios de última hora e incluso sustituir páginas o imágenes a medida que se imprime el documento.

Aunque se necesitan menos personas y procesos para producir tiradas cortas de cuatricomía, la técnica y experiencia del operario sigue siendo muy importante para producir resultados de alta calidad.

NOTA

La impresión digital permite **tiradas cortas bajo demanda,** reduciendo desperdicios y costes de inventario. Gracias a los avances recientes, la **calidad de la impresión digital** rivaliza con la de la impresión *offset* en ventas, conservando rapidez y mucha más flexibilidad. No hay que olvidar que en 2025 la brecha de calidad se está estrechando significativamente. Además, la imprenta digital ofrece otros beneficios que son altamente admirados por las empresas actuales, ya que hacen que estas puedan ser mucho más competitivas en el mercado global. Ahondarás en esta cuestión cuando esté mucho más avanzada la formación.

- -

La **funcionalidad de imprimir** es simplemente reproducir de la manera más exacta el documento original tantas veces como uno desee. Dicho esto, y a tenor de la reducción de las labores que implica la imprenta digital, el objetivo de esta manera de imprimir es el de facilitar y agilizar las tareas que están incorporadas en las tres áreas en las que se divide el proceso completo de impresión:

PREIMPRESIÓN
- Creación del documento o archivo para dejarlo listo para el envío a impresión.

FRONTAL DIGITAL
- Proceso de rasterización, almacenamiento y fusión de datos e información.

IMPRESIÓN
- Reproducción del documento con los parámetros marcados para obtener el resultado deseado.

IMPORTANTE

Actualmente, los dispositivos tecnológicos conectados permiten enviar y recibir datos mediante archivos digitales listos para su impresión, independientemente

Continúa en página siguiente >>

<< Viene de página anterior

que estos dispositivos estén alejados o en diferentes lugares. Esto ha supuesto una revolución y un progreso para el sector de la impresión.

✎ DEFINICIÓN

Rasterización (RIP)

Técnica de procesamiento que permite convertir una imagen gráfica vectorial en un acumulado de píxeles para que la impresora digital pueda darle curso y salida al producto. De alguna manera esta técnica traduce a la máquina de impresión el archivo digital, enviándole instrucciones precisas en un lenguaje programático que entiende la máquina para imprimir.

Para obtener mayor nitidez y definición cromática de una imagen, serán necesarios mayor número de píxeles por pulgada.

En el caso del sistema de impresión que nos ocupa, es posible realizar la orden de impresión directa al material seleccionado con **dos tecnologías** diferentes:

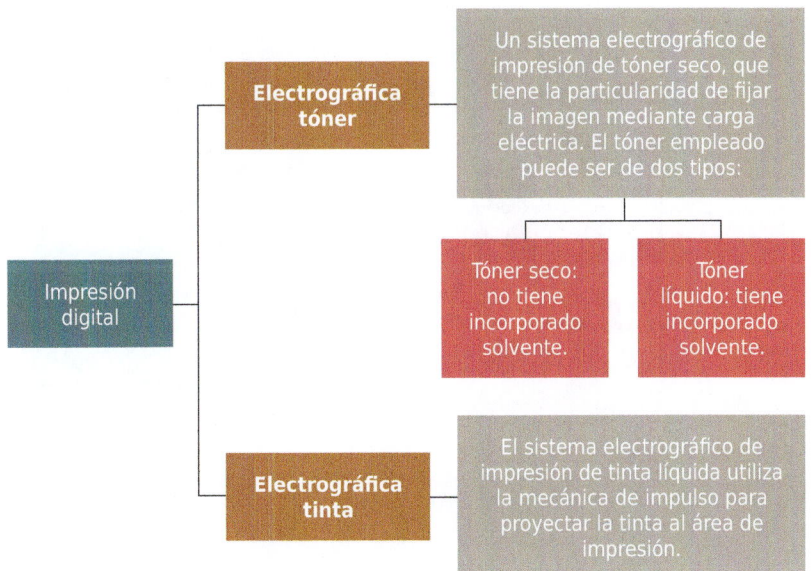

NOTA

A día de hoy existen una variedad de tintas específicas para la impresión digital, cuya composición está basada en productos como el látex, solvente u otros materiales que pueden definir la diferencia en el resultado.

ACTIVIDAD COMPLEMENTARIA

1. Como has podido comprobar, existen diferencias entre la impresión tradicional y la digital. En relación a esto, te proponemos que indagues sobre algunos aspectos más que hacen diferentes a estos dos sistemas de impresión.

Pero hay una cuestión muy importante que debes saber. Y es que, independientemente de la tecnología utilizada, la imagen es impresa siempre a través de un elemento denominado "placa virtual", que no es otra cosa que un **programa informático** (no físico) que permite que el usuario pueda configurar el archivo digital.

Una imagen creada puede personalizarse para ser impresa digitalmente.

3. Recepción y tratamiento de los archivos flujo de trabajo digital

👉 HILO CONDUCTOR

José Luis está encantado con el entorno de aprendizaje digital del que es responsable. Existen numerosos artilugios que permitirán a los participantes crear y fomentar la creatividad trabajando las competencias digitales. Entre ellos están las impresoras 3D, una impresora digital de gran formato, un escáner y otros dispositivos propios de estos centros de fabricación digital.

En la presentación que José Luis ofrece a los padres del centro para dar a conocer esta nueva área tecnológica, les pone un sencillo ejemplo de cómo la impresora reconoce un archivo digital e inicia el trabajo de impresión.

Una vez que has conocido algunos aspectos básicos de la impresión digital, iniciarás el aprendizaje de cómo será el tratamiento de los archivos originales para que estos sean incorporados dentro del **flujo de trabajo para la impresión digital.**

¿Te gustaría conocer en qué consiste este flujo de trabajo?

Las impresoras digitales requieren operarios capacitados que gestionen el flujo del archivo desde el ordenador hasta el soporte de impresión. Actualmente, gracias a la integración con la nube y las fábricas inteligentes, es habitual automatizar tareas como la recepción de pedidos en línea, su asignación a equipos disponibles y el seguimiento del proceso hasta la entrega.

El flujo de trabajo digital para un encargo de impresión personalizada puede variar. Sin embargo, es posible definir una cadena de tareas inherentes a un proceso estándar, en el que el resultado son ejemplares listos para su distribución.

Este flujo vendrá definido por un proceso que consta de las siguientes acciones:

- **Diseñar:** esta labor es realizada por el diseñador del documento (ya sea folleto, libro, revista, etc.) que, a través de un programa específico de maquetación para impresión digital, consigue obtener el archivo digitalizado.
- **Preparar los archivos:** en esta otra fase, un técnico recibe el archivo del diseñador y toda la información inherente a las particularidades de la impresión que debe tener en cuenta. En este punto, el técnico debe cotejar el documento digital recibido, el formato y todos los elementos incluidos en el archivo (tablas, enlaces, etc.), además de aplicar las técnicas de *trapping*. Tras la comprobación, las imágenes estarán listas para ser rasterizadas (RIP). Posteriormente se envía al control del dispositivo de impresión digital. En este punto es posible enviar la orden a otros centros de impresión cercanos a la logística de transporte y distribución, y disminuir así el coste.
- **Realizar las pruebas pertinentes:** antes de ordenar a la máquina que comience con los trabajos de impresión, debe ser posible imprimir una muestra para valorar el resultado e incluso ofrecerle una al cliente para que dé su conformidad.
- **Imprimir:** llegado a este momento, la automatización ocupa gran parte de esta fase. Pero antes el empleado debe haber configurado correctamente los parámetros, haciendo posible que la orden de impresión cuente con los ajustes pertinentes para que aspectos tan importantes como el tamaño, colores, unidades, etc., sean acordes a la orden y cuenten con la mejor resolución.
- **Empaquetar:** tras la inspección del trabajo y el consiguiente resultado obtenido, se ejecutarán las tareas encomendadas por el cliente en cuanto al acabado. En este sentido, es posible que el cliente demande terminaciones como hendiduras, cortes específicos, estampaciones, grabados, timbrados, etc. Para satisfacer estas demandas, actualmente existen equipos digitales de acabado (como cortadoras láser, troquelado digital o barniz UV selectivo digital) que pueden integrarse al flujo de trabajo. Estos dispositivos digitales interconectados permiten realizar las labores de acabado de forma automatizada, mejorando la eficiencia y alineándose con la tendencia hacia fábricas inteligentes y procesos más ágiles.

DEFINICIÓN

Trapping

Es una técnica también denominada **reventado,** que el especialista en diseño gráfico utiliza para ajustar los colores entre el archivo digital recibido y la máquina de impresión. Con esta técnica es posible la resolución de problemas o defectos visibles.

IMPORTANTE

El flujo de trabajo global es el resultado de la suma de los flujos de trabajo de cada área de acción (preimpresión, frontal digital e impresión). Su objetivo es garantizar que cada trabajo se complete con todos los ajustes necesarios para evitar imprevistos en etapas más avanzadas, que podrían obligar a reiniciar el proceso desde el principio, con las consecuencias que esto supone. Además, es recomendable realizar pruebas previas precisas para asegurar la calidad final: hoy en día, existen pruebas digitales en pantalla muy precisas *(soft-proofing)*, aunque siempre se aconseja acompañarlas con una prueba física para la aprobación del cliente.

APLICACIÓN PRÁCTICA

Matías se acaba de incorporar como operario en una empresa de impresión digital. En principio le acompaña un técnico experto que le muestra algunas tareas con idea de detectar en qué puesto desempeñará mejor la labor. Pero en su primer día de trabajo, anda algo confuso.

¿Podías explicar a Matías a qué fase del flujo de trabajo corresponde una determinada función?

- **A la primera fase de diseño del archivo digital.**
- **A la segunda fase de preparación del archivo digital.**
- **A la cuarta fase de impresión del archivo digital.**

Continúa en página siguiente >>

<< Viene de página anterior

Solución

Es en la segunda fase cuando el archivo es cotejado y se recibe toda la información necesaria por parte del diseñador para su correcta ejecución. En esta fase, y una vez realizado el trámite de comprobación, es cuando existe la posibilidad de enviar el archivo a otros centros de distribución que, por logística, pudiera ser más interesante que seguir con las etapas restantes. La fase de diseño es exclusiva del autor del archivo o del diseñador gráfico, mientras que la fase de impresión es posterior a una prueba que podrá realizarse tanto en el actual centro de destino como en otros elegidos por necesidades operacionales.

3.1. Introducción del texto. Entrada de textos en preimpresión digital

A continuación vas a comprobar cómo es posible introducir textos en la fase de preimpresión que, como recordarás, es el primer paso para la elaboración del archivo digital.

Es en este momento inicial donde tendrás que poner en marcha el proceso de preparación del documento que pretendes imprimir digitalmente.

Para que puedas comprender básicamente cómo se estructura el trabajo, has de saber que el resultado del archivo digital que ahora llamaremos "Página" estará conformado por elementos independientes que posteriormente quedarán ensamblados.

¿Cuáles son estos elementos?

Fíjate en la imagen, donde obtendrás la respuesta:

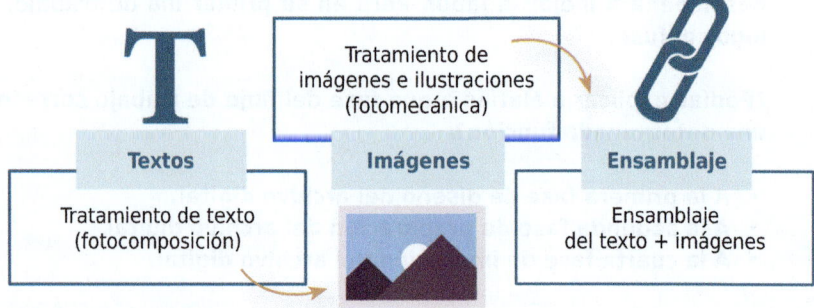

 **NOTA**

En la fase de preimpresión se crea el documento final, y el diseño se basa en la composición de elementos que forman el producto final. Para este proceso, se suelen utilizar programas específicos de maquetación (como **Adobe InDesign** u otras soluciones de autoedición) que permiten estructurar y ensamblar los textos e imágenes de forma profesional, facilitando la impresión digital.

3.2. Composición de textos

La **fotocomposición** es el área de trabajo de la fase de preimpresión donde se realizan todas las tareas de diseño gráfico relacionadas con el texto.

 **NOTA**

Podemos decir que todas las acciones relacionadas con el tratamiento de texto conforman parte del flujo de trabajo en la fase de preimpresión.

3.3. El cuerpo de la letra

Aunque la creatividad en la autoedición es un aspecto muy importante, esto no significa que no existan **normas de composición** en el tratamiento de textos para la impresión digital.

No olvides que estas normas persiguen una finalidad.

Tratan de establecer una relación entre los elementos del texto (caracteres, párrafos, espacios, alineación, etc.), que permitan ser fácilmente comprensibles y visualmente atrayente para el cliente final.

Para que tengas una idea de lo que contemplan estas normas de composición, presta atención a la siguiente información:

Norma de composición sobre el cuerpo de un carácter donde queda especificado el espacio intelínea.

Norma de composición sobre el cuerpo de un carácter donde queda especificado la anchura de línea.

Norma de composición que determina la alineación teniendo en cuenta la anchura de línea.

El cuerpo de la letra, también denominado cuerpo tipográfico, determina cómo se mide una letra o carácter. Es un aspecto fundamental porque influye directamente en la legibilidad y la apariencia final de los textos en un proyecto de impresión digital. En la actualidad, esta medida se estandariza mediante el llamado **punto PostScript, que tiene un valor fijo de 1/72 de pulgada.**

 **DEFINICIÓN**

Punto PostScript de 1/72

El punto PostScript de 1/72 de pulgada es el estándar moderno para medir el tamaño de las letras en la mayoría de los programas de diseño y maquetación, como *Adobe InDesign*. Esto significa que una letra de 12 puntos, por ejemplo, mide exactamente 12/72 pulgadas (aproximadamente 4,23 mm). Comprender este sistema ayuda a los diseñadores a ajustar la tipografía con precisión para garantizar la legibilidad y la coherencia visual de los documentos impresos.

https://redirectoronline.com/argi006po0103

4. Introducción de imágenes en el proceso

 **HILO CONDUCTOR**

Es increíble cómo los padres han aceptado con mucho agrado las iniciativas formativas de este centro. Muchos de ellos han mostrado interés por implicarse en algunas actividades. Quieren aprender a autoeditar trípticos y folletos, válidos para sus actividades empresariales. José Luis les asesora sobre los aspectos básicos del tratamiento de textos y seguidamente les dará instrucciones para la incorporación de imágenes en el documento.

La **fotomecánica** es el área de trabajo en la fase de preimpresión, donde se realizan todas las tareas de diseño gráfico relacionadas con la imagen.

Como has visto, el diseño gráfico es un arte creativo que engloba técnicas variadas sustentadas en normas de composición en el tratamiento de textos, a las que ahora se les suman otras relacionadas con las imágenes.

Pero, además, el mismo proceso creativo o los requerimientos empresariales de última hora necesitan sistemas flexibles de producción, por lo que la impresión digital ofrece rápidas y eficientes respuestas.

Una gran ventaja que ofrece la impresión digital es que, en cualquier momento, pueden realizarse cambios de ultimísima hora e incluso permite el lujo de personalizar cada ejemplar.

4.1. La recepción de originales

Como podrás ir comprobando, cada finalización de una etapa va confluyendo al inicio de otra fase en la que se van asentando nuevas tareas hasta llegar al resultado final.

Al igual que ocurre con el tratamiento del texto, la siguiente labor consistirá en tratar las imágenes o ilustraciones vectoriales.

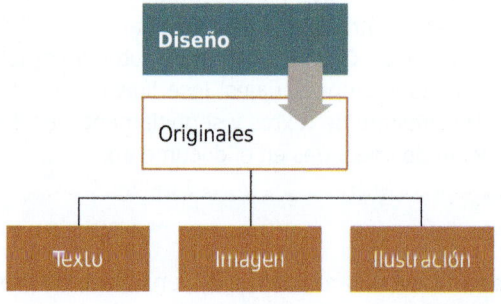

NOTA

Como ya se mencionó, en este flujo de trabajo, cada acción se retroalimenta de la anterior, lo que permite realizar las modificaciones necesarias durante la fase de diseño para que el resultado final se ajuste a las exigencias del cliente. Actualmente, la personalización se ha potenciado aún más gracias al uso de datos variables e impresión dirigida a nichos específicos, respaldada por *software* de análisis de datos que permite optimizar el contenido para audiencias concretas y ofrecer soluciones de impresión mucho más adaptadas.

4.2. Originales: clasificación

Pero, antes de todo, es necesario recepcionar cada uno de los recursos gráficos proporcionados por el cliente, y que tendrás que integrar digitalmente en el diseño del producto.

Esta integración digital diferencia en tres grupos los materiales, ya que cada grupo requerirá una gestión diferente.

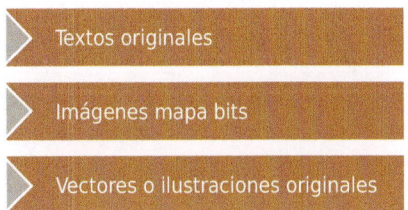

DEFINICIÓN

Imágenes mapa bits
Son archivos también denominados ráster o bitmap, que son sometidos a las técnicas de rasterización para que la máquina pueda leer las instrucciones de impresión.

 **SABÍAS QUE...**

Una misma imagen mapa bit para un ordenador requeriría al menos una resolución de 72 píxeles por pulgada, a diferencia de la impresión digitalizada de esta misma imagen, que requeriría al menos una resolución de 300 píxeles por pulgada.

4.3. Formatos de imagen

Un archivo de imagen original proporcionado por el cliente para la imprenta digital puede recibirse en diferentes tipos de formatos.

Veamos cuáles son:

PNG
- Formato de compresión sin pérdida que admite transparencias. Útil para gráficos digitales, aunque en impresión profesional no se suele usar directamente porque no maneja perfil de color CMYK. El PNG no soporta colores CMYK, lo cual puede causar inconsistencias al imprimir, por eso generalmente se convierte a TIFF o JPEG para imprenta.

HEIF/HEIC
- Formato emergente de alta eficiencia empleado por dispositivos Apple desde 2017. Permite archivos más livianos manteniendo calidad, pero debe convertirse (por ejemplo a JPEG/TIFF) antes de la impresión, debido a problemas de compatibilidad en *software* de preimpresión.

RAW
- Es el tipo de formato resultante de las imágenes captadas por cámaras profesionales o cualquier otra que se haya podido configurar bajo esta conformación, también conocida como en crudo. La calidad es muy profesional, pudiendo ser controlados en el momento de la captación aspectos como la iluminación, color, profundidad, etc.

Continúa en página siguiente >>

<< Viene de página anterior

PSD

- Es el tipo de formato que más les gusta a programas tan conocidos como *Photoshop*, *Adobe Illustrator*, etc. Se caracteriza principalmente por que admite la edición, conservando si se desea los tonos originales.

TIFF

- Ofrece el color más intenso y más real captado originalmente.

JPGE/JPJ

- Sigue siendo el formato estándar más utilizado para fotografías en impresiones por su buena calidad/tamaño de archivo. Mencionar que **JPEG 2000 o JPEG XL** (nuevos derivados) no han desplazado al JPEG convencional en la industria de la impresión, por lo que no se ve necesario profundizar en ellos.

PDF

- Es el tipo de formato más democratizado, principalmente porque su lectura es fácil desde cualquier dispositivo. **PDF/X** (estándares PDF para impresión) son habituales en flujos profesionales.

EPS

- Es un tipo de formato que deriva del PDF, pero de mayor peso porque permite conservar originalmente los elementos incorporados en el archivo, ya sean textos o imágenes.

NOTA

Existen otros tipos de formatos, tanto para gráficos o mapa bits como para vectores, como, por ejemplo, los ya muy conocidos GIF, SVG o LZW, y otros nuevos que irán surgiendo.

4.4. Entrada de imágenes

Igualmente, es posible utilizar un **escáner** para digitalizar una imagen y convertirla en un archivo digital desde donde podrás realizar labores como:

- Capturar
- Almacenar
- Enviar
- Modificar
- Imprimir

4.5. Tipos de escáneres

La situación más común en la que te puedes encontrar es que, a la hora de poner en marcha tu creatividad como diseñador o ilustrador, veas la necesidad de combinar una técnica tradicional o analógica con la técnica digital. No todo lo encontrarás en internet y es posible que te apetezca realizar o diseñar parte del trabajo con lápiz y papel.

¿Qué problema te puede suponer esta situación?

 **EJEMPLO**

Es posible que realices un trabajo de diseño alternando técnicas digitales con otras que no lo son, y quieras mostrar una prueba a tu cliente o simplemente te apetece colgar el resultado en tu blog. ¿Cómo podrías digitalizar esta muestra para que el resultado puedas mostrarlo con la misma calidad profesional?

La respuesta se llama escáner.

El escáner es un dispositivo que puedes incluirlo como herramienta de trabajo en el flujo de la impresión digital.

Pero no todos los escáneres son útiles para un ilustrador; ten en cuenta estas diferencias:

Escáner con entrada en forma plana	Escáner con entrada en forma de ranura
- Es una buena opción si deseas escanear objetos tridimensionales o también imágenes o fotografías y cuyo resultado que buscas sea más creativo.	- Es una buena opción si lo que pretendes es escanear documentos.

Por supuesto, hay otros aspectos importantes que tendrás que valorar:

- **La resolución:** una buena calidad en los resultados para captar todo tipo de detalles necesitará, al menos, una resolución de 1.200 píxeles.
- **La profundidad del color:** un escáner con panel de vidrio puede ayudarte a identificar el área que deseas escanear.
- **La dimensión:** piensa que es probable que necesites digitalizar imágenes de tamaño superior al estándar y, aunque esto no fuera el caso, tendrás un área de manejo mayor si eliges un escáner de formato grande, permitiéndote girar y manipular el documento con más facilidad.
- **La conectividad:** aunque una entrada USB te permitiría transferir el archivo digitalizado a tu ordenador, es mucho mejor que el escáner elegido tenga wifi y la transmisión sea instantánea.

4.6. Digitalización

Es posible que, por cuestiones económicas o de otra índole, no puedas hacerte con un escáner profesional. Esto no es ningún problema, y tu creatividad no puede encontrar un freno por esta situación.

La digitalización ha supuesto un verdadero impacto en el sector de la impresión, hasta tal punto que las empresas están incorporando nuevos **flujos de trabajo** permitiendo digitalizar no solo desde un escáner, sino también desde un simple **dispositivo móvil,** pudiendo dar órdenes de almacenamiento o impresión.

Esto significa también, por otra parte, que a día de hoy no existen distancias que impidan que un trabajo de impresión de gran escala pueda llevarse a cabo empleando las fórmulas y procedimientos de trabajar la impresión digital para conseguir un excelente resultado.

Además, existen programas con inteligencia artificial que mejoran automáticamente las imágenes escaneadas, eliminando imperfecciones y aumentando su resolución (conocido como *upscaling con IA)*. Estas herramientas permiten rescatar originales de baja calidad y optimizarlos para su impresión, lo que refuerza la tendencia alcista de la automatización inteligente en el sector gráfico.

 PARA SABER MÁS

El siguiente artículo explica de forma clara y sencilla qué es el *upscaling* con inteligencia artificial, cómo funcionan estos algoritmos que aumentan la resolución de las imágenes sin perder calidad y cuáles son sus aplicaciones prácticas en diferentes áreas, incluyendo la digitalización de originales para impresión. Es un recurso ideal para profundizar en esta tecnología emergente y cómo se integra en los flujos de trabajo digitales de impresión.

https://redirectoronline.com/argi006po0104

 TAREA 1

Gustavo es empleado de la Administración local de su ciudad. Gestiona un presupuesto para el que tendrá que mejorar la infraestructura logística de la Concejalía de Deportes. En una reunión, expone que podría ser interesante disponer de una impresora digital de gran formato, a través de la cual podrán

Continúa en página siguiente >>

<< Viene de página anterior

ser impresos multitud de folletos, banderolas y otros elementos utilizados en los grandes eventos deportivos patrocinados por esta área. Habitualmente todos estos trabajos son encargados a una empresa fuera de la localidad, pues no existe ninguna cercana que pueda realizar estos encargos.

En una reunión le piden que justifique de alguna manera la intención de adquirir esta maquinaria y la formación necesaria para los dos técnicos que gestionarán la producción.

Con estos datos, ayuda a Gustavo a explicar las ventajas de las que se puede beneficiar esta concejalía con esta decisión. Además, indícale cuál sería el flujo de trabajo y por qué este sería menor que el sistema de producción actual.

5. Resumen

El sistema de impresión digital se caracteriza por ser un proceso de impresión directa, en donde las fases que lo componen se ven reducidas en tiempo, materiales y recursos humanos si son comparadas con la impresión tradicional.

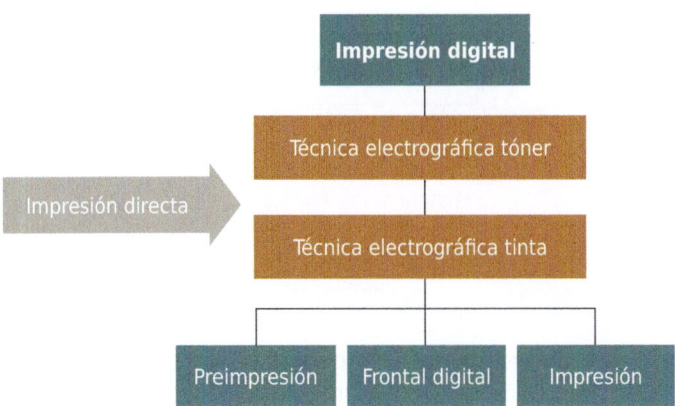

Con independencia de la tecnología utilizada, el usuario puede, a través de un programa informático, configurar el archivo digital y personalizarlo.

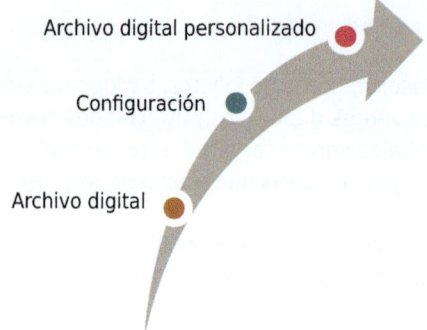

Sin embargo, y aunque este sistema de impresión no requiere de tantos recursos humanos, es cierto que los operarios y técnicos deben estar bien cualificados para gestionar y guiar adecuadamente el flujo de trabajo correspondiente a este sistema de impresión digital.

En el área de preimpresión se genera el archivo digital resultante, donde previamente han confluido elementos diversos como textos e imágenes quo dobidamonto han dobido cor tratadoc do manora totalmonto indopon diente. El resultado de esta primera fase de preimpresión son la creación y el diseño del producto.

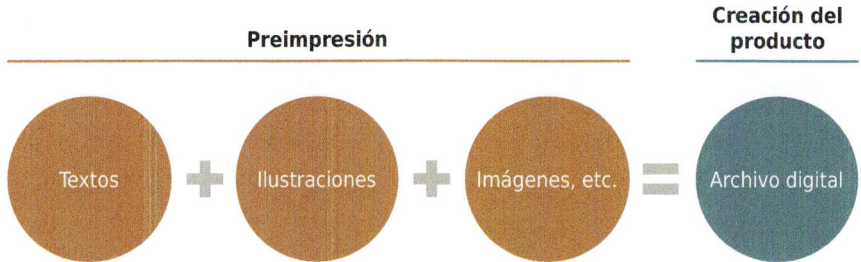

Ejercicios de autoevaluación
Unidad de Aprendizaje 1

1. Indica si las siguientes afirmaciones son verdaderas o falsas:

a. En el mundo de la impresión, la tecnología de producto engloba un conjunto de técnicas, métodos y conocimientos que deben unirse a las destrezas prácticas y competencias profesionales de quien maneja estos sistemas de impresión.

- Verdadero
- Falso

b. La impresión digital es aquel proceso que hace posible la directa reproducción a papel u otros materiales, desde un documento electrónico o archivo digital y que puede ser instruido desde diversos dispositivos.

- Verdadero
- Falso

c. La impresión digital aporta exclusivamente el gran beneficio del ahorro de tiempo.

- Verdadero
- Falso

2. La impresión digital, a diferencia de la impresión tradicional, aporta...

a. ... un ahorro considerable de materiales.
b. ... un ahorro de profesionales alrededor del proceso de impresión.
c. ... un ahorro de tiempo en el proceso.
d. Todas las opciones son correctas.

3. Un objetivo de la fórmula de impresión digital es...

a. ... facilitar las tareas que engloban la fase de preimpresión, la de *Frontal Digital* y la de impresión.
b. ... facilitar las tareas de la fase de preimpresión.

c. ... facilitar las tareas finales de impresión.
d. Todas las opciones son incorrectas.

4. **La rasterización es la técnica que permite convertir una imagen gráfica vectorial en un acumulado de píxeles para que la impresora digital pueda darle curso y salida. Esta técnica también se denomina...**

   a. ... RIT.
   b. ... RIR.
   c. ... RIP.
   d. ... RIC.

5. **La tecnología de impresión digital puede ser...**

   a. ... electrográfica con tóner seco.
   b. ... electrográfica con tóner líquido.
   c. ... electrográfica con tinta líquida.
   d. Todas las opciones son correctas.

6. **Una vez que se obtiene el archivo digital, la imagen o documento es impreso mediante...**

   a. ... un *software*.
   b. ... un *hardware*.
   c. ... una placa física.
   d. Todas las opciones son incorrectas.

7. **El flujo de trabajo de impresión digital puede representarse en las fases de...**

   a. ... diseño, preparación de archivo y realización de pruebas.
   b. ... diseño, modificación de archivo, realización de la prueba, impresión y empaquetado.
   c. ... diseño, preparación de archivo, realización de la prueba, improción y ompaquotado.
   d. Todas las opciones son incorrectas.

8. El tratamiento de textos también se denomina:

    a. Fotocomposición
    b. Ensamblaje
    c. Fotomecánica
    d. Todas las opciones son incorrectas.

9. El objetivo de las normas de composición es...

    a. ... que el archivo pueda ser leído por la máquina de impresión.
    b. ... que el texto tenga una apariencia bonita.
    c. ... tratar de establecer una relación entre los elementos del texto (caracteres, párrafos, espacios, alineación, etc.) que permitan ser fácilmente comprensibles y visualmente atrayente para el cliente final.
    d. Todas las opciones son incorrectas.

10. Un ráster es...

    a. ... un mapa *bit.*
    b. ... un *bitmap.*
    c. ... un archivo sujeto a técnicas de rasterización.
    d. Todas las opciones son correctas.

Tratamiento de la información

Contenido

Objetivos

El objetivo general de esta Unidad de Aprendizaje es:

→ Analizar aspectos específicos relacionados con el tratamiento de la información, a fin de comprender cómo son las técnicas para crear un archivo digital listo para ser transmitido a la máquina de impresión.

Los objetivos generales de esta Unidad de Aprendizaje son:

→ Justificar las diferencias entre los registros RGB y CMYK en el tratamiento de la imagen.

→ Identificar recursos para el tratamiento correcto del color en la edición de una imagen.

→ Argumentar para qué sirve una técnica de tramado.

1. Introducción

Iniciarse en el mundo de la impresión digital requiere de la asimilación de conocimientos específicos en cada una de las áreas involucradas en el proceso de impresión. También es vital el despertar de habilidades imprescindibles como la capacidad de aprendizaje, ya que las nuevas tecnologías están enfocadas en mejorar sistemas de impresión. Esto último requiere por parte de los profesionales o usuarios una asimilación constante de nueva información para el buen manejo del flujo del trabajo.

Sin embargo, existen unos conocimientos elementales relacionados con el tratamiento de la información que cualquier persona que quiera sacar el mejor provecho de la impresión digital deberá aprender.

En esta unidad aprenderás a tratar la información para la creación de un archivo digital a fin de poder ser directamente impreso sin errores.

Para tratar el contenido, nos seguiremos basando en el caso de José Luis, quien ha inaugurado recientemente el espacio *maker* del que han nombrado responsable en su centro de trabajo.

2. Tratamiento de la imagen

☞ HILO CONDUCTOR

La inauguración de la sala de fabricación tecnológica ha sido todo un éxito. Tanto es así que José Luis ha tenido rápidamente que organizar un curso intensivo para un grupo de padres y madres interesados en aprender a tratar imágenes y personalizarlas.

Una de las cuestiones más importantes que debes conocer es que el resultado de la impresión digital dependerá, en gran medida, del conocimiento que tengas en el manejo de la preparación de imágenes, teniendo en cuenta todos los condicionantes técnicos de la máquina encargada de dar salida al producto final.

Tratar la imagen y obtener una imagen de calidad en el ordenador, no significa que el resultado impreso sea el mismo.

Dicho esto, ciertos saberes te permitirán abordar el tratamiento de la imagen con garantías, pudiendo dominar el arte de enriquecer la imagen y ajustarla para su tratamiento digital en la máquina de impresión.

2.1. Digitalizar una imagen

Es posible que, en el inicio y en la fase de preimpresión, te encuentres con materiales y elementos que deban formar parte de tu *collage* digital, pero que sin embargo su formato sea totalmente analógico.

Si se te presentan estas circunstancias, tendrás que recurrir en primer lugar a la digitalización de documentos originales, ya que el tratamiento de la imagen como material gráfico es necesario que esté integrado en formato digital.

2.2. Original (tono continuo)

Cada elemento original que pretendas incorporar en tu proyecto de edición necesitará un tratamiento concreto e individual. Para ello recurrirás a un *software* especializado en estas tareas, y una vez que consigues integrar todos los materiales originales, podrás ir maquetando tu trabajo para lanzarlo finalmente a la impresión.

Sin embargo, en todo diseño tendrás que saber solventar tanto los requerimientos gráficos (digitalización de originales) como otros aspectos más técnicos relacionados con los siguientes elementos:

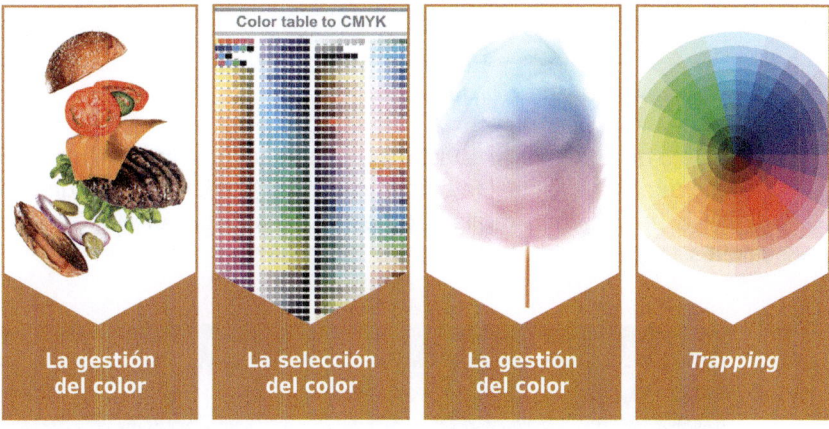

| La gestión del color | La selección del color | La gestión del color | *Trapping* |

 **RECUERDA**

Trapping
Es un concepto que en diseño gráfico viene a definir la técnica a través de la cual se corrigen defectos que podrían afectar a la calidad de la impresión.

Ahora bien, si observas una imagen original cualquiera, podrás comprobar que los colores quedan fusionados junto con las tonalidades grises. Esto hace posible que el efecto de tonalidad continua sea alcanzado en vez de generar áreas de color bien marcadas. Esto último le ocurre a una imagen analógica original, pero sin embargo no es así para una imagen digital.

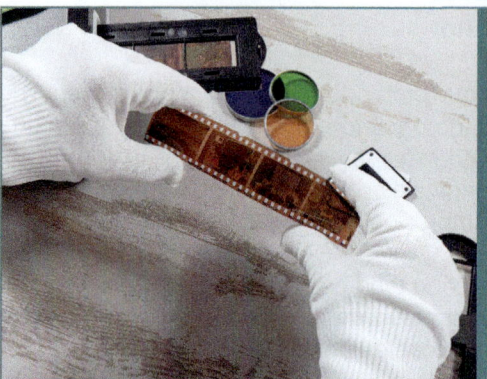

Todas las imágenes o fotografías obtenidas analógicamente son en tono continuo, por lo que requerirán un proceso de transformación previo para hacer posible su impresión digital. Esto lo consigue la digitalización.

2.3. Digital (compuesta de píxeles)

El aspecto que presenta a la vista del ojo humano una imagen digital podría decirse que es perfecta. Sin embargo, podrás comprobar que una imagen digital o una imagen digitalizada está compuesta por puntos llamados **píxeles**.

PÍXELES
- Los píxeles son una unidad mínima de medida, exclusiva de una imagen digital.
- Una imagen queda dividida en pequeñas porciones o puntos, siendo la unidad mínima de esa porción la que toma el nombre de píxel. La suma de estos puntos da como resultado la imagen digital.

IMPORTANTE

Una imagen está compuesta por una multitud de píxeles y cada uno de ellos tiene asignado un valor matemático. Informáticamente cada píxel tiene configurada una información que definirá el color dominante y la intensidad de ese fragmento.

NOTA

Más avanzada la unidad, profundizarás en una técnica que explica los motivos de la digitalización de las imágenes. Ahora solo tienes que saber que una impresora digital imprimirá si el documento facilitado viene codificado en píxeles.

2.4. Tratamiento de la imagen digital

Antes de empezar a manipular un original, recuerda que es imprescindible que este cuente con al menos con una calidad óptima. De no ser así, por mucho que te alíes con la informática, esta no será capaz de obtener el resultado deseado.

Contar con una buena materia prima facilitará la tarea para tratar la imagen con unas exigencias estándares que todo diseñador gráfico debe garantizar.

2.5. Tratar la imagen digital

Una imagen original puede ser tratada digitalmente desde diferentes enfoques, hasta tal punto de obtener un resultado final realmente artístico.

Sin embargo, la tecnología va más allá, y para el caso de la impresión digital en gran formato, es imprescindible conocer técnicas de vectorización que permitan agrandar la imagen sin perder ni pizca de calidad.

 **VÍDEO**

Este tutorial explica de forma clara y paso a paso cómo vectorizar automáticamente una imagen o logotipo en *Adobe Illustrator,* utilizando la herramienta de calco de imagen. El autor muestra cómo importar una imagen rasterizada (por ejemplo, una fotografía o logo), aplicar diferentes ajustes de calco y expandir el resultado para convertirlo en vectores editables. El vídeo destaca cómo lograr un efecto visual limpio y escalable sin pérdida de calidad, ideal para impresión digital o diseño profesional. Está orientado a usuarios principiantes o intermedios y actualizado a las versiones más recientes del *software*.

https://redirectoronline.com/argi006po0216

 CONSEJO

Puedes probar algunos programas para crear vectores con versiones gratuitas hasta dar con aquel que te resulte más cómodo para trabajar. Aquí tienes algunos de ellos:

GRAVIT DESIGNER	VECTR

https://redirectoronline.com/argi006po0202	*https://redirectoronline.com/argi006po0203*

Continúa en página siguiente >>

<< Viene de página anterior

SVG EDIT	INKSCAPE

https://redirectoronline.com/argi006po0204	*https://redirectoronline.com/argi006po0205*

 APLICACIÓN PRÁCTICA

Carlos tiene en su pantalla dos imágenes iguales pero con características diferentes. Tendrá que seleccionar una de ellas para que sea impresa en una valla publicitaria con la mejor resolución. Dispone de una imagen JPG y la otra es un vector. ¿Cuál de ellas deberá seleccionar si su objetivo es mostrar la mejor resolución?

Solución

Trabajar con vectores para alcanzar una resolución alta no es problema alguno, ya que solo habría que prestar atención a la salida de la impresión. Sin embargo, un archivo JPG requerirá de una edición mediante un programa específico donde sea posible cambiar los parámetros de resolución.

2.6. Transformación de RGB a CMYK

Sin olvidar la pretensión que persigue esta formación, cuyo objetivo es que adquieras conocimientos para realizar impresiones digitales de calidad, has de saber que la impresión directa que ofrece la imprenta digital puede proporcionarte un resultado muy alejado del deseado.

¿No te ha ocurrido alguna vez que has tratado de imprimir una imagen que, desde tu PC, es realmente perfecta, y el resultado cuando es impresa en papel no tiene nada que ver?

Para que esto no ocurra, previamente a la impresión, deberás preservar la calidad de tu fotografía.

El origen del error tiene una explicación muy sencilla. Probablemente, la pantalla de tu ordenador advirtió una foto **RGB** y la máquina de impresión percibió una imagen en **CMYK.**

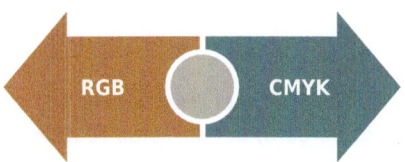

Cada uno de estos dos registros presenta una codificación del color, sombras y matices muy diferentes:

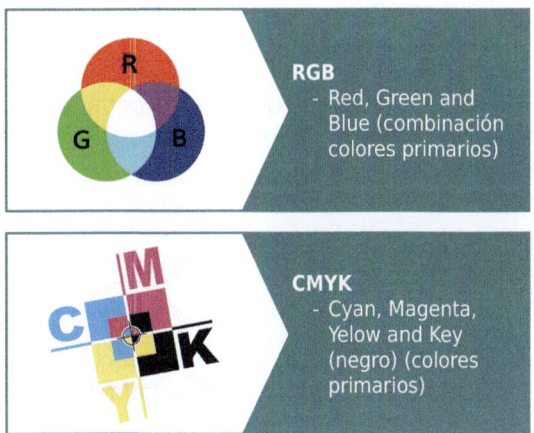

RGB
- Red, Green and Blue (combinación colores primarios)

CMYK
- Cyan, Magenta, Yelow and Key (negro) (colores primarios)

 **CONSEJO**

La mejor fórmula para realizar la conversión de una imagen RGB a CMYK es utilizar programas específicos que directamente hacen esta labor. *ReaConverter* es uno de ellos.

2.7. Teoría del color

El color es un uno de los componentes más importantes relacionados con la técnica del arte. A tenor de esta afirmación, ya expresada de alguna forma desde tiempos inmemorables, surge la **teoría del color** como un aspecto clave para el tratamiento de obras artísticas, ya sean pinturas, dibujos o material gráfico.

 **DEFINICIÓN**

Color

El color puede definirse como el resultado óptico producido por nuestra vista, interpretado por el cerebro, dando como resultado un tono cuando incide la luz que contiene un espectro cromático. Existen dos catalogaciones del color: colores luz y colores pigmento.

La principal distinción que expone esta teoría es la diferenciación de dos **tipos de colores:**

- **Colores luz:** la morfología de la visión permite determinar tres colores primarios (los representados en RGB), también llamados colores primarios de luz:

  - Rojo
  - Verde
  - Azul

  Mezclar los tres colores da como resultado un tono blanco y, por otra parte, la ausencia de esos tres colores ofrece como resultado un tono negro (ausencia de color).
- **Colores pigmento:** los colores pigmento corresponden al modelo definido anteriormente como CMYK.

  - Cian
  - Magenta
  - Amarillo
  - Negro

Al contrario de lo que ocurre con los colores de luz, mezclar los colores pigmentos dan como resultado el negro.

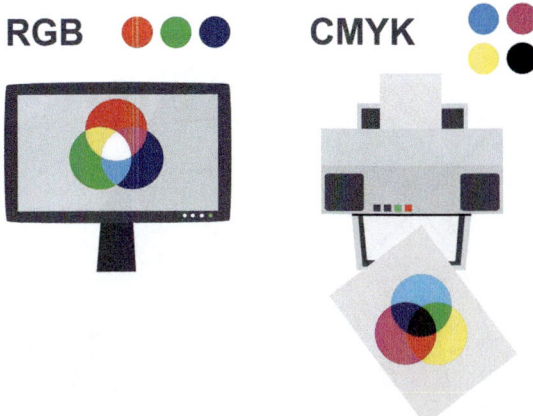

Los colores de luz sirven para ser mostrados en pantalla, mientras que para mantener la calidad en la impresión se utilizan los colores pigmentos.

Existen otras clasificaciones del color que vienen determinadas por otros atributos como la **matización,** la **luminosidad** y la **saturación.**

El **círculo cromático** representa esta variedad mediante una paleta de colores, diferenciando los colores **primarios, secundarios** (mezcla de dos colores primarios en la misma proporción) y **terciarios** (mezcla de un color primario con un secundario en diferentes proporciones).

NOTA

Las demás combinaciones de colores posibles dan como resultado mezclas infinitas de color.

Fíjate ahora en la siguiente imagen que viene a representar un círculo cromático y cuya utilidad está enfocada para establecer las reglas para realizar combinaciones de colores correctas:

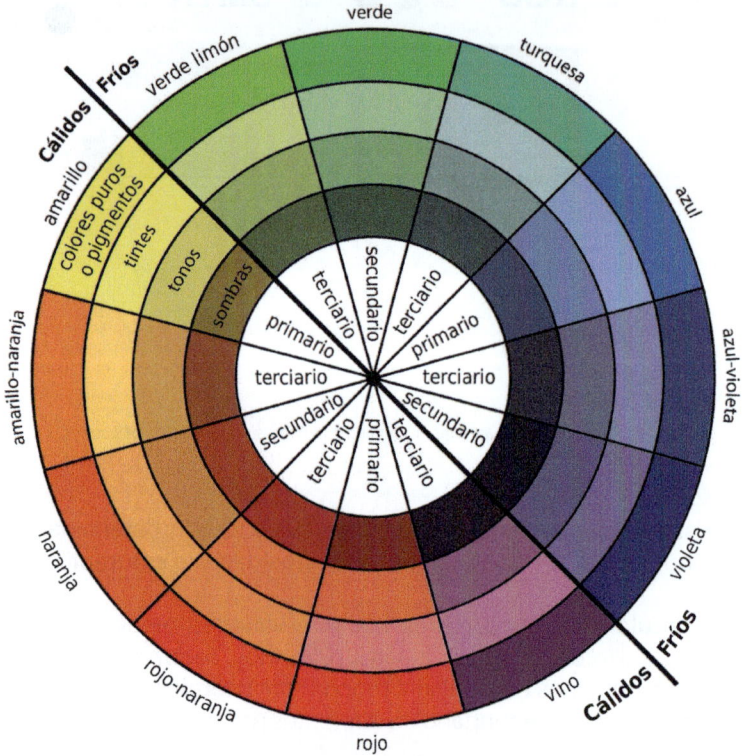

Representación del círculo cromático por Ángel Fallen

⊕ PARA SABER MÁS

Conoce en este artículo todo lo relativo a la influencia del color para la elección acertada en un diseño. Puedes acceder a través del siguiente enlace.

Continúa en página siguiente >>

<< Viene de página anterior

https://redirectoronline.com/argi006po0207

2.8. Comportamiento de las tintas

Tras comprobar que los colores son un elemento sustancial en el diseño de una imagen digital, también tendrás que valorar otros aspectos técnicos relacionados con el color y que influirán en el resultado de la impresión.

Estamos hablando del **comportamiento de las tintas.**

Existe una diversidad de tintas que tendrás que diferenciar en función del sistema de impresión que utilices. Sin embargo, para el caso que nos ocupa, y teniendo en cuenta la impresión digital de gran formato u otros soportes, el comportamiento de la tinta marca una clasificación diferente:

- **Acuosas:** al contar esta tinta con una base importante de agua unida a pigmentos que le dan color, el comportamiento no es muy bueno para utilizar en materiales diferentes al papel, ya que no existiría la correcta adherencia.
- **De sublimación:** es la que mejor responde para imprimir en telas o poliéster. Su adherencia y fijación permanecen tras lavados.
- **Solventes:** las tintas solventes se caracterizan por su resistencia y durabilidad a elementos externos como el frío, el calor o la exposición al sol. Responden muy bien para aquellas impresiones cuya localización estarán a la intemperie.
- **Ecosolventes:** no es tan duradera como la anterior, sin embargo, su composición no daña el medioambiente.
- **De curado UV:** muy resistente, para uso exterior y en cualquier circunstancia meteorológica. Su composición líquida reacciona al contacto con la luz ultravioleta, fijándose el color.
- **Látex:** muy similar a las tintas solventes, principalmente utilizada en grandes vinilos, murales o simplemente fotografías.

⊃ **Sólida:** puede utilizarse para todo tipo de soporte, no absorbe, es menos resistente que otras y no define bien los detalles de la imagen.

2.9. Comportamiento de los filtros

Hasta aquí has visto cómo influye el color en la experiencia global de tu diseño, y qué tipo de tintas son las más aconsejables en función de la finalidad que persigas. Pero hay otras técnicas de manipulación de la imagen que juegan un papel fundamental en el resultado, permitiéndote desplegar la creatividad para un diseño de proyecto original.

Estamos hablando del **filtro** de imagen, y cómo esta responde cuando se le aplica.

Es imposible definir todos y cada uno de los tipos de filtros que existen actualmente, pero lo que sí es cierto es que cualquiera de los que uses conseguirá cambiar la atmósfera de la fotografía.

 VÍDEO

Este tutorial te explica cómo aplicar un tipo de filtro en una imagen y cuál es el objetivo que persigue. Accede al siguiente enlace para verlo:

https://redirectoronline.com/argi006po0208

ACTIVIDAD COMPLEMENTARIA

2. Has conocido un tipo de filtro especial que embellecerá cualquier imagen que captures o con la que trabajes. Realiza una búsqueda en internet y localiza algún tipo de filtro que habitualmente se aplica para ofrecer un resultado de impresión digital diferente.

2.10. Programas de autoedición

Para pasar a la práctica, y que puedas comenzar a realizar tus primeras ediciones de imágenes digitales, lo mejor es conocer qué material gráfico necesitas para iniciar esta labor.

Software de edición

Para que puedas editar una imagen digital, necesitarás un programa de edición a través del cual puedas realizar multitud de funciones:

- Eliminar el fondo (fondo transparente).
- Recortar la imagen.
- Cambiar el tamaño, etc.

Además de *Photoshop,* hoy existen herramientas de edición que incorporan inteligencia artificial, como *PicLumen* o *Luminar Neo,* que permiten mejorar imágenes automáticamente. **GIMP** sigue siendo una opción gratuita válida para tareas básicas.

https://redirectoronline.com/argi006po0217

https://redirectoronline.com/argi006po0218

 CONSEJO

Puedes probar algunos programas de edición con versiones gratuitas hasta dar con aquel que te resulte más cómodo y fácil para trabajar. Aquí tienes algunos de ellos:

CANVA

https://redirectoronline.com/argi006po0211

PHOTO POS PRO 3

https://redirectoronline.com/argi006po0212

I PIXLR EDITOR

https://redirectoronline.com/argi006po0213

2.11. Opción: creación del PDF

Una vez has conseguido plasmar en tu diseño todas aquellas ideas creativas que te rondaban por la cabeza, llega el momento de poner fin a tu proyecto debiéndolo guardar en un archivo para que puedas darle curso o salida cuando quieras. Podrás subirlo a una red social, enviarlo mediante un correo electrónico, integrarlo en una web o imprimirlo directamente. Sea lo que fuere, debes respetar en este paso los márgenes marcados en la edición.

Aunque ya viste que existen diferentes formatos de archivo digital, quizá sea el **PDF** el tipo de **formato electrónico más universal.**

El PDF es un formato perfectamente legible en máquinas de impresión digital y otros dispositivos.

2.12. *Preflight*

Una vez que dispones del documento, tendrás que crear una carpeta en la que guardarás todos los elementos utilizados en la creación de tu diseño, incluyendo el resultado final.

- ⮥ Gráficos
- ⮥ Fuentes
- ⮥ Imágenes, etc.

Esta tarea recibe el nombre de *Preflight,* y se define como el proceso de empaquetado del archivo.

 **VÍDEO**

Este tutorial te muestra cómo empaquetar el archivo digital, utilizando una potente herramienta de diseño llamada *InDesign*. Accede al siguiente enlace para verlo:

https://redirectoronline.com/argi006po0214

2.13. Pasos previos a la impresión

Tras el empaquetado, y como paso previo a la impresión directa de tu diseño, realizarás las siguientes comprobaciones que te permitirán verificar que la impresión del archivo generado será la correcta.

- Verificar el tamaño correcto del documento.

- Establecer un margen operativo de corte con un mínimo de 3 mm extra por si, en la imprenta, el corte no ha salido bien.

- Confirmar el perfil de certificación de la máquina de impresión.

- Comprobar que las tintas sean de CMYK.

Continúa en página siguiente >>

<< Viene de página anterior

- Garantizar la resolución de 300 ppp en cada imagen integrada.

- Vigilar componentes especiales en caso de ser necesarios.

2.14. Imposición del trabajo

Un aspecto importante a tener en cuenta a la hora de preparar la impresión es lo que se llama **imposición del trabajo.**

DEFINICIÓN

Imposición del trabajo
Describe cómo se ordena el documento para facilitar la manipulación posterior a la impresión.

Esto es importante porque condicionará el plegado de los documentos, ya sean folletos, revistas o cualquier tipo de formato en tiradas. También afectará el orden de impresión, pues puedes encontrarte con que no se trate de una única hoja y el documento esté compuesto por varias de ellas.

Para controlar la imposición del trabajo fíjate en estos detalles:

El pliego: el soporte (papel, etc.)	**La página:** la forma que contiene los elementos	**La marca de corte:** la guía para el corte
La marca de plegado: la guía de plegado	**La tira de densidad:** comprueba la densidad y mide la tinta	**Las calles:** espacios entre páginas

3. Transmisión de datos e impresión

☞ **HILO CONDUCTOR**

Es increíble cómo, en una primera sesión, el aplicado alumnado de José Luis ha conseguido diseñar un primer proyecto, en donde han tratado imágenes y textos. Solo queda dar órdenes de impresión, pero antes José Luis deberá indicarles algunos aspectos elementales.

Hasta aquí, has aprendido cómo trabajar la información para llegar al proceso de impresión. Principalmente podrás haber concluido que el tratamiento debe ser siempre "en digital", y para ello has tenido que comprender cómo la máquina de impresión seguirá las instrucciones facilitadas en el archivo digital que has podido crear.

No obstante, y para reforzar aún si cabe algún procedimiento que te facilitará la comprensión del tratamiento de la información, el siguiente apartado te ofrecerá un nivel detallado de cómo la máquina de impresión digital asimila el lenguaje de programación para llevar a cabo su función.

4. Técnicas de tramado

☞ **HILO CONDUCTOR**

Los padres y las madres asistentes al curso han podido ver el resultado final tras la impresión digital. Ahora toca un tiempo de ruegos y preguntas que darán respuestas a cuestiones muy importantes y que servirán de asentamiento de todos los conocimientos adquiridos durante este curso de iniciación.

Con todo lo aprendido anteriormente, debes incorporar una **técnica** que tendrás que aprender a manejar, llamada **"tramado"** de originales.

Seguro que recordarás los famosos píxeles. *Grosso modo,* puede definirse esta técnica como un tratamiento de texturas o un arte de simulación de tonos y colores, transformando la imagen original en puntos que, siendo estos dispersados, ofrecen un resultado de **medios tonos.**

La fórmula de medios tonos es una manera de reproducir originales que transforma la imagen en puntos y espacios perceptible por el ojo humano como un **tono continuo.**

4.1. Tramado digital

El objetivo que persigue la técnica de tramado es que los tonos continuos de una imagen original puedan convertirse en puntos de diferentes tamaños ofreciendo sensación de tonalidad diferente, de tal manera que, cuando esta imagen sea transferida para su impresión, la máquina pueda reconocerla y reproducirla mostrando una imagen de medios tonos.

4.2. Niveles de gris obtenidos

Para que puedas comprender mejor en qué consiste esta técnica, fíjate en el siguiente ejemplo que muestra una imagen que seguro te lo aclarará definitivamente.

 **EJEMPLO**

La siguiente ilustración muestra la aplicación de la técnica de tramados ofreciendo una gama de grises. El ojo humano no percibe los puntos a no ser que te acerques mucho a la imagen; lo que verás es un tono continuo.

Continúa en página siguiente >>

<< Viene de página anterior

Resultado óptico de tono continuo mediante tramas

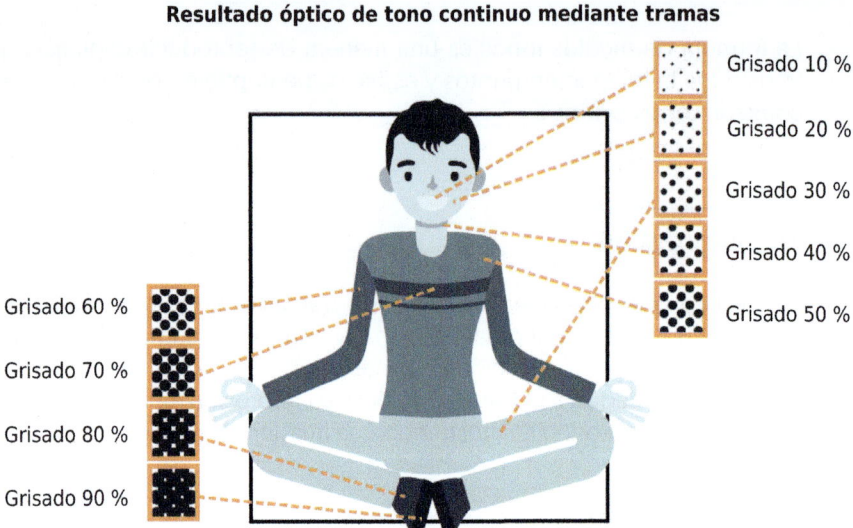

4.3. Características de la trama

El proceso de descomposición de una imagen en puntitos viene definido por unos condicionantes que caracterizan el resultado final:

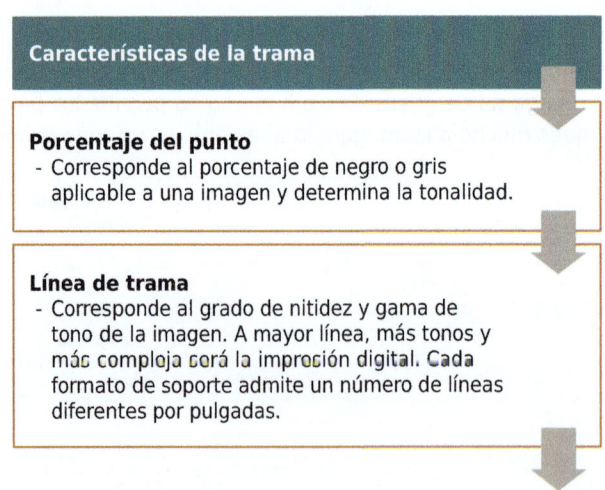

Características de la trama

Porcentaje del punto
- Corresponde al porcentaje de negro o gris aplicable a una imagen y determina la tonalidad.

Línea de trama
- Corresponde al grado de nitidez y gama de tono de la imagen. A mayor línea, más tonos y más compleja será la impresión digital. Cada formato de soporte admite un número de líneas diferentes por pulgadas.

Continúa en página siguiente >>

<< Viene de página anterior

Ángulo de trama
- Es la característica que directamente afecta a la visión de un punto. Su buena manipulación evitará efectos indeseados.

Forma del punto
- La forma del punto influye directamente en la nitidez de la imagen y en su calidad una vez que esta ha sido imprimida. Si la forma es cuadrada, servirá para destacar contrastes altos y detalles de la imagen. La forma redonda es buena para imprimir imágenes más claras y con pocos detalles. Hay otras formas de los puntos como la elíptica, círculos concéntricos y líneas ondulantes en función de si queramos un resultado más variable, destacado o sereno respectivamente.

4.4. El tramado estocástico/FM

Comprendida esta cuestión, has de saber que existen diferentes tipos de técnicas de tramados. Si quieres conocer más sobre estas técnicas, te invitamos a que puedas profundizar en ellas a través del siguiente recurso.

PARA SABER MÁS

Giovanni Blandino explica en este artículo cómo funcionan las tramas para impresión, pero además revela los tipos de tramados actuales.

https://redirectoronline.com/argi006po0215

 **TAREA 2**

Durante mucho tiempo Ana ha estado tratando información con *software* específico en edición de imágenes. Su proyecto ha concluido y, desgraciadamente, el resultado una vez imprimido no corresponde al que ella ha estado visualizando mediante el programa informático. Aunque ha insistido con otras pruebas, el resultado sigue siendo de la misma pésima calidad; además, su profesor le ha indicado que no cumple de ninguna manera con las reglas de color para el objetivo que se le encomendó. Definitivamente Ana ha suspendido esta materia, aunque aún le queda la recuperación. ¿Podrías ayudar a Ana dándole algunos consejos prácticos?

Basándote en estos datos, explica a Ana dónde pudiera estar el error, sabiéndole justificar las diferencias entre los registros RGB y CMYK en el tratamiento de la imagen. Además, proporciónale un recurso que le pueda ser útil para tratar los colores de acuerdo con las exigencias y finalidad expuestas por su profesor. Por último, arguméntale para qué puede servirle conocer y dominar la técnica de tramado y cómo esta puede influenciarle gratamente el resultado final.

5. Resumen

Una importante variable que permitirá ofrecer un resultado óptimo de impresión digital es el nivel de conocimiento y dominio que se tenga en el manejo y preparación previa de las imágenes que van a tratarse.

La imagen en sí es el principal elemento de trabajo de diseño. Es posible trabajar con una imagen digital o bien con una analógica digitalizada. Lo importante es que, tras su edición, sepamos transformar mediante un programa el archivo resultante para que este no pierda calidad en la impresión:

Pero antes de llegar a este momento, es vital conocer aspectos tan importantes de la edición.

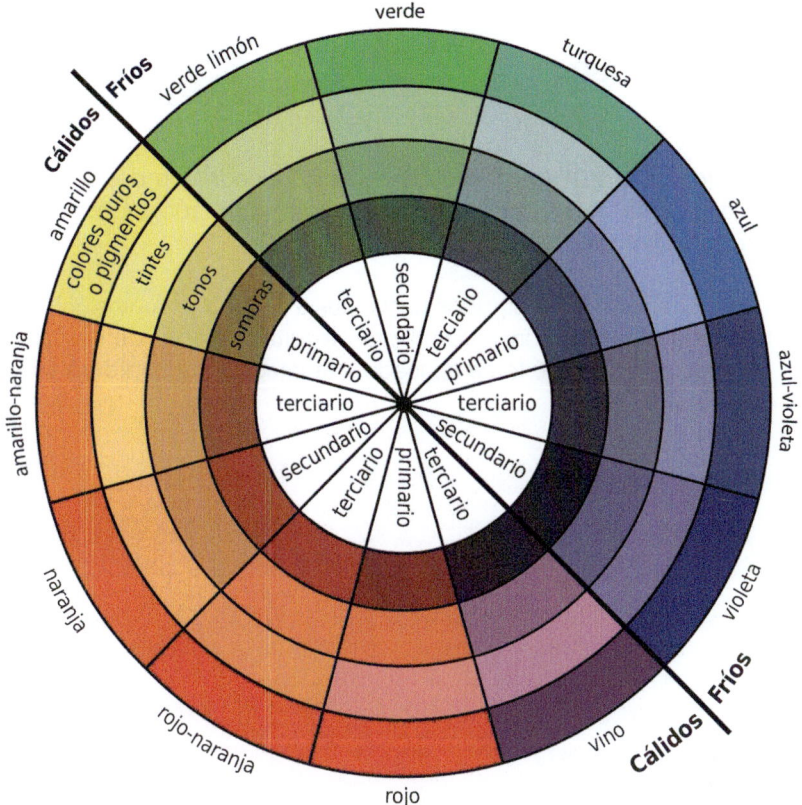

Se trata de la teoría del color y el círculo cromático, que permitirán al usuario manejar adecuadamente unas reglas establecidas para la combinación de colores que todo diseñador gráfico debe saber.

No obstante, una cosa es el resultado de una imagen en el ordenador y otra es el resultado impreso. Para no cometer ningún error, es necesario dominar el comportamiento de los tipos de tintas en función del encargo o el objetivo final para el que se diseñó.

Gracias a programas específicos, es posible avanzar la edición y crear el archivo final en un formato universal, capaz de ser leído por cualquier dispositivo como la impresora digital.

Junto con el PDF, se almacenarán todos y cada uno de los recursos utilizados. Esta tarea se realiza mediante el empaquetado del archivo en lo que se conoce como *Preflight*.

Solo queda verificar algunos pasos hasta llegar a la impresión del trabajo. De esta forma se consigue un gran resultado, capaz de ser leído por la impresora donde se le ha aplicado a la imagen resultante las técnicas de tramado.

Ejercicios de autoevaluación
Unidad de Aprendizaje 2

1. Indica si las siguientes afirmaciones son verdaderas o falsas:

  a. Iniciarse en el mundo de la impresión digital requiere de la asimilación de conocimientos específicos en cada una de las áreas involucradas en el proceso de impresión.

  - ■ Verdadero
  - ■ Falso

  b. Tratar la imagen correctamente en el ordenador antes de la impresión hará posible que el resultado, una vez impreso, siempre sea de buena calidad.

  - ■ Verdadero
  - ■ Falso

  c. Una imagen analógica puede tratarse gracias a la digitalización de la imagen.

  - ■ Verdadero
  - ■ Falso

2. Todos los elementos que conforman el proyecto digital (imágenes, textos, ilustraciones, etc.)...

  a. ... deben ser tratados de forma conjunta.
  b. ... deben ser tratados de forma independiente.
  c. ... pueden ser tratados de manera conjunta o independiente.
  d. Los elementos no se tratan, solo quedan integrados en un archivo digital.

3. El concepto que en diseño gráfico viene a definir la técnica a través de la cual se corrigen defectos que podrían afectar a la calidad de la impresión se denomina...

  a. ... tono continuo.
  b. ... *trapping.*

c. ... técnica de resolución.

d. Todas las opciones son incorrectas.

4. Las imágenes o fotografías obtenidas analógicamente...

a. ... son siempre de tono continuo.

b. ... requieren una transformación previa para su impresión digital.

c. ... pueden ser tratadas mediante la digitalización.

d. Todas las opciones son correctas.

5. La unidad mínima de medida exclusiva de una imagen digital se denomina...

a. ... píxel.

b. ... fragmento digital.

c. ... porción digital.

d. Todas las opciones son incorrectas.

6. La teoría del color diferencia los colores en...

a. ... colores luz y colores pigmento.

b. ... colores continuos y colores no continuos.

c. ... colores intensos y colores luminosos.

d. Todas las opciones son correctas.

7. Un color pigmento es el...

a. ... amarillo.

b. ... azul.

c. ... rojo.

d. ... verde.

8. El formato más universal de archivo digital es...

a. ... el JPG.

b. ... el PNG.

c. ... el PDF.

d. Todas las opciones son incorrectas.

9. El concepto que define la tarea de empaquetado del documento o archivo digital se denomina:

    a. Importación
    b. Exportación
    c. *Preflight*
    d. *Trapping*

10. La técnica de tramado es...

    a. ... la técnica de manejo y configuración de la impresora digital.
    b. ... una técnica que hace que los medios tonos de una imagen original puedan convertirse en puntos, de tal manera que, cuando esta imagen sea transferida para su impresión, la máquina pueda reproducirla mostrando una imagen de tonos continuos.
    c. ... una técnica que hace que los tonos continuos de una imagen original puedan convertirse en puntos, de tal manera que, cuando esta imagen sea transferida para su impresión, la máquina pueda reproducirla mostrando una imagen de medios tonos.
    d. Todas las opciones son incorrectas.

Procesos de impresión digital

Contenido

Objetivos

El objetivo general de esta Unidad de Aprendizaje es:

→ Abordar las características específicas de los diferentes tipos de sistemas de impresión digital y descubrir la tecnología y maquinaria necesarias que ofrezcan resultados para diversas áreas de aplicación.

Los objetivos generales de esta Unidad de Aprendizaje son:

→ Saber diferenciar los distintos sistemas de impresión digital y la tecnología asociada.

→ Identificar aplicaciones de tintas especiales para la impresión digital.

→ Reconocer distintas áreas de aplicaciones digitales.

1. Introducción

La transformación digital, a través de la revolución tecnológica y de la información, está haciendo posible que el mundo de las artes gráficas experimente un gran crecimiento. Este desarrollo implica cambios importantes, y la necesidad de una rápida adaptación a los nuevos requerimientos del mercado.

Contar con estos conocimientos proporcionará a quien los posea una gran ventaja competitiva. Pero, para ello, es vital contar con una buena preparación técnica sobre la maquinaria y tecnología.

En esta unidad aprenderás cómo se conforma la arquitectura de un sistema de impresión digital, conocerás la maquinaria y su tecnología, y también descubrirás qué aplicaciones y usos son los más demandados en el horizonte actual, así como cuáles lo serán en el futuro.

Para desarrollar este contenido, nos seguiremos basando en el centro de fabricación digital, donde un grupo de padres se acaban de iniciar en el mundo del diseño e impresión digital.

2. Características de la impresión digital

👉 HILO CONDUCTOR

José Luis, como buen profesor, quiere ir mucho más allá para que sus aplicados alumnos no se queden simplemente con un curso de iniciación. Sabe que, en los tiempos actuales, la inmediatez es un reclamo para cualquier usuario y muchos son los que se lanzan a poner en práctica alguna teoría sin profundizar en la maquinaria ni en la tecnología. Este será su próximo reto, pero antes deberá dejar clara alguna información. ¿Conseguirá José Luis alcanzar su propósito sin aburrir a los participantes?

A tenor de todo lo visto en la primera unidad, podrás concluir que las características de la imprenta digital traen numerosos beneficios al sector de la impresión, y que hacen que la tendencia del uso de estos sistemas vaya definitivamente al alza.

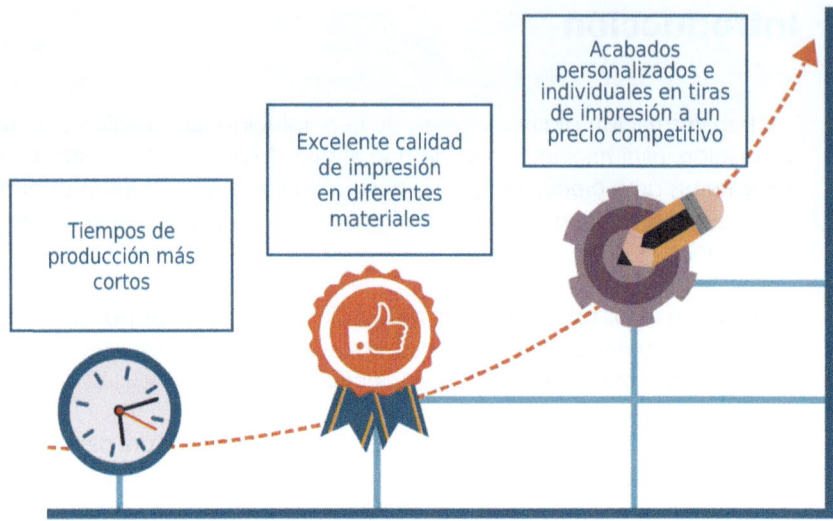

2.1. Clasificación de los sistemas/arquitectura de los sistemas

Para hacer frente a los sistemas de impresión tradicional tan conocidos como *offset,* **flexografía, huecograbado** y **serigrafía,** la imprenta digital presenta su propuesta ganadora realizando una clasificación general en dos grandes grupos de impresión digital. Cada uno de ellos presenta una arquitectura de sistema diferente:

Tecnología de impresión de imagen directa (DI)	Tecnología de impresión sin impacto (NIP)
- Es una tecnología a través de la cual la máquina de impresión realiza su trabajo recibiendo la imagen en un formato digitalizado, y además dentro de la impresora se crea una plancha por medio del cabezal láser. - La plancha es una base que transfiere la información al sustrato y, de esta manera, es posible imprimir la imagen cuantas veces se quiera. El uso de planchas es el método más parecido al sistema tradicional de impresión.	- Es una tecnología a través de la cual la máquina de impresión realiza su trabajo sin necesidad de crear planchas, por lo que puede reproducir páginas impresas con información diferente.

NOTA

Profundizarás en la tecnología NIP y en sus métodos de impresión algo más adelante.

2.2. Tipo de tinta

Por otro lado, la tinta es un factor determinante en la impresión digital, ya que aporta versatilidad a estos sistemas de impresión.

Como es lógico, la elección de la tinta dependerá no solamente del material sobre el que se imprimirá y de la tecnología de la máquina, sino también del tamaño del formato elegido.

 **EJEMPLO**

El tamaño de la impresión de pequeño formato varía considerablemente. El objetivo de este tipo de formato puede ser muy diverso, desde pegatinas, tarjetas de visitas o trípticos hasta invitaciones a eventos o cartas y menús en el servicio de restauración. Cada solución requerirá de tintas con características distintas, puesto que no es igual la fijación en un simple papel o cartón que imprimir en un adhesivo.

Por otra parte, las empresas requieren cada vez más de servicios de impresión de gran formato, pudiendo llegar a ser los resultados de más de 5×3 metros de tamaño. Principalmente estos productos corresponden a expositores, lonas, impresiones en el firme o pavimentos, vallas publicitarias, etc. En este sentido, la impresión requiere de tintas especiales como son las blancas, barnices o la nueva versión de CMYK (hexacromía).

DEFINICIÓN

Hexacromía

Es un modelo de color similar a la gama CMYK, a la que se le ha añadido dos colores: el naranja *(orange* en inglés) y verde *(green* en inglés). Se puede afirmar que se trata de la gama CMYK evolucionada, por lo que es reconocida como CMYKOG.

Para ofrecer diferentes efectos especiales en tus creaciones, puedes hacer uso de diversos tipos de tintas. Aquí tienes algunas de ellas:

Tinta transparente
- Gracias a la superposición de varias capas de esta tinta, es posible proporcionar texturas y relieves en los resultados.

Tinta blanca
- Se trata de una tinta a simple vista imperceptible y que únicamente podrá ser vista con luz ultravioleta.

Tinta invisible
- Hasta no hace mucho, era inviable alternar este tipo de tinta blanca con otros colores; solamente era posible si se alternaban el método tradicional de impresión con el digital de manera independiente. Ahora ya es posible, y se abren así nuevas alternativas de diseño.

NOTA

Además de las tintas, como recordarás, el tóner líquido o en polvo también es un material que se usa en sistemas de impresión digital, siendo posible su uso mediante señales electrónicas.

ACTIVIDAD COMPLEMENTARIA

3. Has conocido las particularidades de algunos tipos de tintas especiales. Ahora te invitamos a que descubras una aplicación práctica en la vida real para el uso de la tinta invisible.

- -

2.3. Clasificación de los sistemas/tecnologías y métodos de impresión sin impacto

Como ya conoces, es posible establecer una clasificación general de sistemas de impresión digital según la tecnología aplicada: tecnología de **impresión directa** y tecnología de **impresión sin impacto.**

Cada tecnología conlleva un método de **impresión** diferente. Las diferencias estriban en:

Tecnología de impresión directa	**Tecnología de impresión sin impacto**
Transmite la imagen por medio de un láser a un elemento intermedio (realizado en un material fotoconductor) al que se le ha portado la información o imagen. Esto es posible mediante fotones de impacto, que transmiten la información contenida en esa placa para su impresión.	Con la tecnología NIP, no existe ese impacto, de ahí que tome su nombre. La información o imagen es guardada en un rodillo intermedio que, "embadurnado" del tóner, consigue transmitir la imagen para su impresión.

3. Maquinaria y tecnología

☞ HILO CONDUCTOR

Parece que el desafío de José Luis por mostrar todas las máquinas y su tecnología está resultando menos complicado de lo que parecía. No obstante, lo importante de todo esto es que el alumnado comprenda que, para iniciarse en el mundo del diseño y la impresión digital, es vital conocer y comprender el funcionamiento de los aparatos, las técnicas y todos los elementos que participan.

Centrándonos en la tecnología non-impacto, es posible afirmar que cualquier método de impresión capaz de procesar información directamente a una impresora sin requerimientos intermedios (planchas u otros procesos) puede denominarse **impresión digital.**

Pero no todas las máquinas trabajan de la misma manera, esto se debe a que pueden poseer tecnología diferente. A continuación, en los siguientes apartados, vas a descubrir las principales tecnologías, sus diferencias y aplicaciones.

3.1. Tecnologías principales

Actualmente, con los avances, las placas virtuales (no físicas) permiten una impresión mejorada de no impacto, diferenciándose en las máquinas de impresión variada tecnología (tecnología de no impacto):

- **Electrofotográfica:** método de impresión que permite imprimir directamente una imagen que es recibida por señales electrónicas que atraen las partículas de tóner líquido o en polvo.
  El tóner seco no lleva solvente, mientras que el tóner líquido sí.
  Por su rápido secado, esta tecnología se utiliza para realizar pruebas cuyas tiradas sean cortas. Por ejemplo, la impresión de revistas para comprobar la calidad.
- **Magnetografía:** método de impresión que permite imprimir directamente a través de la atracción electroestática, formando la imagen en papel mediante el calor. Suele utilizarse habitualmente para trabajos relacionados con la impresión de invitaciones de boda, etc.
- **Inyección de tinta:** método de impresión que permite imprimir directamente a través del goteo constante o a demanda de tinta líquida o tinta

fusión, por medio de canales o bocas de impresión. Este método es el utilizado para la impresión de textiles, ya que la resistencia y durabilidad en el resultado así lo hace posible.

○ **Termografía:** este método imprime aplicando calor sobre materiales termosensibles para generar imágenes. En la actualidad, se usa también en etiquetas inteligentes y *packaging* interactivo (soluciones modernas como envases inteligentes o productos de *marketing* interactivo), gracias a tintas que cambian de color con la temperatura.

3.2. ¿Cuál es la participación de cada tecnología?

El mero hecho de que existan tecnologías diferentes puede darte alguna pista de que el resultado final que ofrece cada una de ellas no será el mismo. Será muy sencillo justificar el uso de una u otra, según la pretensión.

Desde la aplicación de partículas de tóner, fijadas mediante cargas eléctricas que, en ocasiones, las atraen y en otras las repelen, conformando así la imagen diseñada, hasta el disparo de tintas líquidas que, gota a gota, van consiguiendo dibujar la información del archivo digital, son todas ellas tecnologías capaces de expresar la idea creativa del diseño con gran personalidad. Para que puedas conocer todos los detalles que justifican la funcionalidad de cada una, te invitamos a que accedas al siguiente recurso.

 PARA SABER MÁS

Para conocer cómo participa cada tecnología, lee detenidamente el artículo de Javier García, quien explica con total precisión cómo interviene cada una de ellas. También podrás conocer alguna otra tecnología de *non*-impacto aún no nombrada; de esta manera, completarás la información.

https://redirectoronline.com/argi006po0301

3.3. Tecnologías principales

De alguna manera, es posible seleccionar de todas estas tecnologías de no impacto cuáles son las más habituales dentro de un ámbito general de la impresión digital, tanto a nivel particular como profesional y empresarial.

Inyección láser

- Este método de impresión se caracteriza por la imprimación de la tinta o del tóner en polvo mediante una carga electroestática a través de un fino láser. La carga electroestática provoca que la tinta en polvo (tóner) quede fijada en el material.

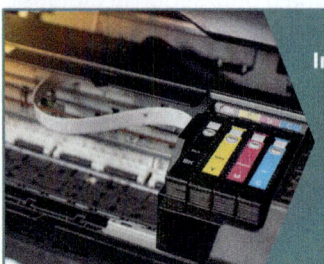

Inyección de tinta

- Este método de impresión transfiere y distribuye la tinta al material a través de la orden digital desde el ordenador. Esta imprimación es posible gracias a unos pequeños canales de distribución de tinta.

 IMPORTANTE

La tecnología Inkjet es un ejemplo de combinación de mecánicas electrónicas con ingeniería química. La imagen es formada mediante el suministro controlado de gotitas que, al unirse, conforman el resultado sobre un sustrato. Esta tecnología es muy versátil y como ejemplo sirve para decorar elementos tan variados como: *Smartphone, packaging* y cualquier producto para su promoción.

 APLICACIÓN PRÁCTICA

Valentina tiene una impresora láser de inyección, y debe imprimir una importante cantidad de documentos, pero tiene la gran duda de

Continúa en página siguiente >>

<< Viene de página anterior

si la tecnología de la máquina admite tóner o tinta. ¿Podrías ayudar a Valentina a seleccionar el material adecuado?

Solución

El tóner es el material que se utiliza para las impresoras láser, donde no es posible el uso de la tinta líquida.

3.4. Maquinaria de impresión digital

En el mercado es posible encontrar una infinidad de máquinas de impresión digital. Estas ofrecen unos resultados de calidad sin reducir aspectos como la velocidad de trabajo. Este gran abanico de oportunidades obliga a diferenciarlas según estas y otras necesidades:

- ⮑ Gran formato.
- ⮑ Alta velocidad.
- ⮑ Ahorro de material.
- ⮑ Trabajos industriales.
- ⮑ Soportes.
- ⮑ Etcétera.

Cada máquina ofrece soluciones de impresión digital diferentes, pero principalmente estas pueden clasificarse por el tipo de formato de impresión:

Impresora
- Máquina que, asociada a un ordenador, reproduce información previamente almacenada en un archivo digital. La impresión se realiza usando tinta o láser (tóner). Puede ser de pequeño o gran formato e incorporar diversas tecnologías.

Plotter
- Máquina que imprime de forma lineal, es utilizada principalmente en ingeniería, arquitectura o diseño; sus trazados lineales los realiza mediante plumas con distintos colores.

Continúa en página siguiente >>

<< Viene de página anterior

> **Plotter de corte**
> - Similar al anterior, pero, en vez de utilizar plumas, tiene unas cuchillas que permiten recortar el diseño obtenido.

4. Aplicaciones digitales

☞ HILO CONDUCTOR

Expuestas las peculiaridades de cada tecnología de impresión, uno de los asistentes tiene curiosidad por conocer cuáles son las áreas de aplicación. Pero su pregunta demanda una respuesta más allá de las explicaciones habituales. En ese momento José Luis no tiene ninguna duda en presentar un prototipo diseñado e impreso muy original, que nada tiene que ver con las típicas impresiones en papel o cartón.

- -

La diversidad de aplicaciones que ofrece la tecnología de impresión digital va más allá de la simple experimentación en papel u otros soportes tradicionales. A continuación vas a conocer algunas tendencias de interés.

4.1. Áreas de aplicaciones digitales

Es muy probable que, cuando oigas hablar de la impresión digital, te vengan a la cabeza grandes *plotters* trabajando a nivel industrial, principalmente en la elaboración de productos promocionales.

Las áreas de aplicación digital más habituales en el sector profesional, y a nivel empresarial, son conocidas por todos: impresión textil, pavimentos, cartelería, folletos, etc.

Sin embargo, en esta sección vas a conocer un ejemplo de aplicación de la impresión digital algo mucho más novedosa. De esta manera, podrás ampliar notablemente los ámbitos de aplicación.

La **biomedicina** es un campo abierto a la aplicación de técnicas de impresión digital. En relación a la tecnología de impresión, en esta ocasión aprovecha un tipo de tecnología tridimensional, que mediante el suministro controlado de material, va conformando prototipos y figuras. La biomedicina adopta este método para crear objetos que ayudan a la investigación. Por ejemplo, una estructura impresa en 3D a modo de andamios, es capaz de sujetar tejidos humanos. Esto es posible porque las figuras tridimensionales creadas, sirven de cuna y apoyo a células que nacen y se reproducen dentro de estos diseños, obteniendo resultados sorprendentes como órganos humanos.

NOTA

La impresión digital en 3D utiliza materiales específicos que permiten que el resultado sea tridimensional. Sin embargo, y aunque la tecnología de la maquinaria utilizada es similar a la digital, es necesaria la utilización de **softwares** específicos e impresoras especiales.

4.2. Ventajas: ¿por qué imprimir digitalmente?

Has podido conocer algunos beneficios que aporta la impresión digital frente al *offset*. Pero, además de rapidez y otras ventajas, la particularidad más destacada, como ya sabes, es que un sistema de impresión digital permite personalizar imágenes dentro de una misma tirada.

Actualmente, las empresas son conscientes de la necesidad de ofrecer experiencias únicas a sus clientes o usuarios, y en el ámbito de la impresión esta cuestión no iba a ser ignorada.

Por tanto, este esfuerzo de adaptación viene a ser recompensado. Aquí tienes varias muestras de ello:

> Incremento del margen de beneficio, estableciendo una relación más cercana e individual con el cliente.

> Favorece la participación desde la cocreación.

Continúa en página siguiente >>

<< Viene de página anterior

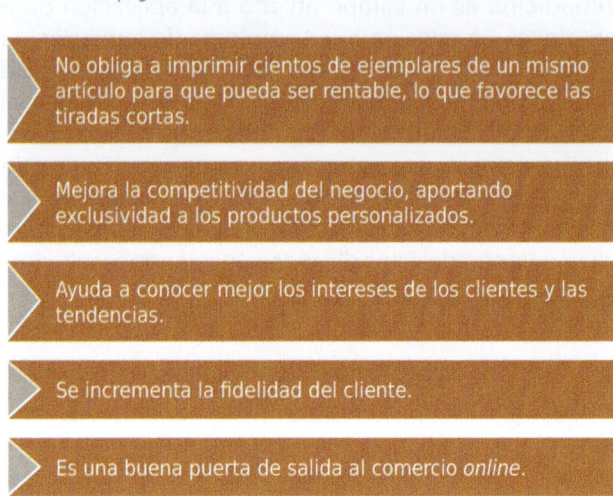

No obliga a imprimir cientos de ejemplares de un mismo artículo para que pueda ser rentable, lo que favorece las tiradas cortas.

Mejora la competitividad del negocio, aportando exclusividad a los productos personalizados.

Ayuda a conocer mejor los intereses de los clientes y las tendencias.

Se incrementa la fidelidad del cliente.

Es una buena puerta de salida al comercio *online*.

4.3. ¿Por qué imprimir digitalmente?

Hay otra cuestión muy importante relacionada con la sostenibilidad, que atribuye al sector de la impresión digital la posibilidad de brindar a las editoriales que estas puedan respetar el medioambiente, aumentando al mismo tiempo la rentabilidad.

Ello es posible gracias a que la impresión digital de libros se realiza bajo demanda, evitando aspectos como el *stock* y el riesgo de la inversión. En este sentido, la impresión digital beneficia a este tipo de negocio y a cualquier otro por estos motivos:

No ser necesario una tirada mínima.

Impresiones exprés.

Impresiones de calidad.

Catálogos vivos, etc.

VÍDEO

Podiprint es el referente de impresión bajo demanda en España con presencia en muchos países de mundo. Su director general expresa cuáles son los beneficios como negocio en este nuevo paradigma económico. Podrás ver el vídeo accediendo al siguiente enlace:

https://redirectoronline.com/argi006po0302

5. ¿Cómo reconocer un impreso digital?

👉 **HILO CONDUCTOR**

José Luis ha podido transmitir a su grupo de participantes que la impresión digital es una excelente alternativa para evitar, entre otras cosas, dañar el planeta, mejorando a su vez la rentabilidad de cualquier empresa. Tras este interesante asunto de discusión, ahora toca conocer cómo es posible reconocer un impreso digital.

Siempre se ha dicho que los increíbles resultados de una impresión *offset,* difícilmente podrían ser mejorados. Sin embargo, los avances tecnológicos han tirado por tierra esta teoría, y ahora es posible advertir en cualquier impreso digital calidades extraordinarias y de mucha valía.

Difícilmente podrás diferenciar en un producto final si este ha sido elaborado con la técnica digital o, por el contrario, ha sido creado con la técnica tradicional. Solo el ojo de un gran experto podría, en algún caso, determinar las diferencias.

6. Situación actual de la impresión digital: mirada global

👉 HILO CONDUCTOR

Mostrar el prototipo que José Luis elaboró con la impresora 3D sirve para encaminar la última jornada del curso. Y es que así pretende explicar la situación actual y futura que rodea al mundo de la impresión digital.

Como bien es sabido, la impresión digital pretende dar respuesta a las necesidades que va marcando constantemente el mercado. Un mercado cambiante en continua transformación, en el que, a través del ámbito de la impresión, el diseño gráfico pretende construir soluciones de comunicación muy concretas y rápidas.

Pero esta encomienda no está limitada exclusivamente a la creación del diseño y a su impresión, sino que, por otra parte, debe ir alineada con la búsqueda constante de soluciones a necesidades y problemas.

En este sentido, metodologías como **Design Thinking** encuentran en los procesos creativos del diseño y la impresión digital fórmulas para crear prototipos capaces de servir de motor para todo tipo de investigaciones.

DEFINICIÓN

Metodología *Design Thinking*
Fórmula que aprovecha la creatividad y sensibilidad del diseñador para la creación de prototipos tangibles que puedan desarrollarse y aplicarse al mundo real con idea de dar solución a algún problema. Sirve de base al desarrollo de cualquier idea que será transformada por las empresas en una oportunidad de negocio.

TAREA 3

Matías es un joven operario que acaba de incorporarse a una imprenta de su localidad. Le hacen un encargo para imprimir una gama de materiales para un evento educativo a nivel municipal, en donde deben resaltarse con cierto relieve las imágenes que van a ser impresas en materiales diversos. Observa que la única maquinaria que dispone y admite gran formato no tiene placas físicas, de la que además desconoce el tipo de tecnología que utiliza.

Basándote en estos datos, ayuda a Matías indicándole qué sistema de impresión digital y tecnología lleva asociadas esa maquinaria. También dile qué tipo de tinta le permitiría ofrecer los resultados solicitados y explícale qué clase de área de aplicación digital está sometida a este proyecto.

7. Resumen

Los sistemas de impresión digital quedan clasificados en dos importantes grupos:

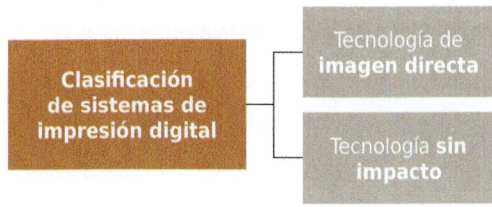

La diferencia estriba en la tecnología de impresión, siendo necesarias **placas físicas** para la imagen directa, y, por otro lado, **placas virtuales** para la tecnología *non*-impacto.

Como ejemplos de las tecnologías características de no impacto destacamos:

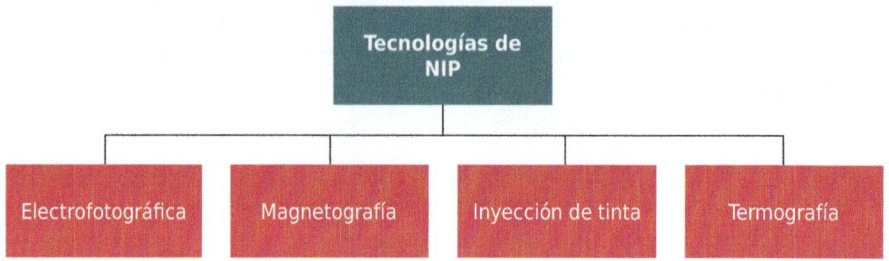

Las tecnologías de impresión digital de **inyección láser** y de **inyección de tinta** son las más representativas, tanto en el ámbito particular como en el profesional o empresarial.

Sin embargo, existen tecnologías, como la **Inkjet,** con ingeniería electrónica y química, que ofrecen una gran versatilidad en los resultados más demandados en los tiempos actuales.

No obstante, la elección de la máquina de impresión debe ajustarse a necesidades como:

Por todo ello, es importante conocer las posibilidades que ofrecen las diversas tecnologías de las impresoras, *plotters* u otras máquinas de impresión, que se abren cada vez más a otras áreas de aplicación.

Ejercicios de autoevaluación
Unidad de Aprendizaje 3

1. Indica si las siguientes afirmaciones son verdaderas o falsas:

a. Los acabados personalizados e individuales en tiras de impresión, a un precio competitivo, es uno de los motivos por los que los sistemas de impresión digital están en alza.

- ■ Verdadero
- ■ Falso

b. Los tiempos de producción de la impresión digital son más largos que los de la producción tradicional.

- ■ Verdadero
- ■ Falso

c. El huecograbado es una fórmula de impresión digital.

- ■ Verdadero
- ■ Falso

2. La hexacromía es un modelo de color similar a la gama CMYK, a la que se le han añadido los colores...

a. ... morado y verde.
b. ... verde y rojo.
c. ... naranja y verde.
d. ... naranja y morado.

3. Un tipo de tinta especial es...

a. ... la tinta transparente.
b. ... la tinta blanca.
c. ... la tinta invisible.
d. Todas las opciones son correctas.

4. Con la tecnología de impresión de imagen directa...

    a. ... es posible imprimir gracias a la creación de una plancha interna.
    b. ... es posible imprimir sin la necesidad de creación de una plancha interna.
    c. ... se puede imprimir indistintamente creando o no una plancha interna.
    d. Todas las opciones son incorrectas.

5. El método de impresión que permite imprimir directamente una imagen que es recibida por señales electrónicas que atraen las partículas de tóner líquido o en polvo se denomina...

    a. ... electrográfica.
    b. ... termografía.
    c. ... inyección de tinta.
    d. Todas las opciones son incorrectas.

6. La magnetografía es:

    a. Un método de impresión que permite imprimir directamente con un sistema de tinta a elevada temperatura. La impresión de la imagen es posible mediante la transferencia de calor.
    b. Un método de impresión que permite imprimir indirectamente a través de la atracción electroestática formando la imagen en papel mediante el calor.
    c. Un método de impresión que permite imprimir directamente a través de la atracción electroestática formando la imagen en papel mediante el calor.
    d. Todas las opciones son incorrectas.

7. El método de impresión que utiliza unos pequeños canales de distribución de tinta se denomina:

    a. Inyección láser.
    b. Inyección de tinta.
    c. Inyección láser y de tinta.
    d. Todas las opciones son incorrectas.

8. **La tecnología que combina mecánicas electrónicas con ingeniería química, se denomina:**

   a. Inkjet.
   b. Inyección de tinta.
   c. Inyección láser.
   d. Todas las opciones son correctas.

9. **La máquina que ofrece soluciones de impresión digital se denomina:**

   a. Impresora.
   b. *Plotter.*
   c. *Plotter* de corte.
   d. Todas las opciones son correctas.

10. **Las impresiones digitales personalizadas son una ventaja para el negocio porque...**

    a. ... incrementan el margen de beneficio, estableciendo una relación más cercana e individual con el cliente.
    b. ... favorecen la participación desde la cocreación.
    c. ... ayudan a conocer mejor los intereses de los clientes y las tendencias.
    d. Todas las opciones son correctas.

Preparación y puesta a punto de la máquina

Contenido

1. Introducción
2. Preparación de la máquina digital
3. Aparatos de medición para el control de la tirada
4. Resumen

Objetivos

El objetivo general de esta Unidad de Aprendizaje es:

→ Destacar la importancia de conocer los mecanismos principales de la máquina digital para su puesta a punto, a fin de poder realizar el inicio de un trabajo ajustado a unas expectativas de calidad.

Los objetivos específicos de esta Unidad de Aprendizaje son:

→ Saber cuáles son los pasos previos de preparación de la máquina de impresión.

→ Identificar los elementos necesarios para poder realizar el control de tirada.

1. Introducción

Actualmente, los equipos de impresión digital contemplan características técnicas y tecnológicas, capaces de ofrecer resultados diversos acordes a las necesidades de los usuarios.

Pero en esta diversidad, se dan circunstancias comunes que cualquier operario o usuario debe saber controlar, con el fin de que la máquina responda con total normalidad frente a las órdenes dadas.

En esta unidad, conocerás cómo es el proceso de arranque de la máquina, además de la preparativa previa y otras circunstancias que te permitan tener un cierto control de calidad de la impresión.

Para ello, nos seguiremos basando en José Luis, un profesor experto y responsable de un centro de cocreación, donde las máquinas de impresión cuentan con todo el protagonismo en este espacio.

2. Preparación de la máquina digital

☞ HILO CONDUCTOR

El primer curso formativo impartido en el Fab Lab ha tenido tanto éxito que José Luis ha decidido complementar esta formación con una jornada intensiva algo más técnica. En esta ocasión, pretende tratar aspectos básicos que deberán conocer tanto operarios como usuarios que manejen máquinas de impresión digital.

En un primer momento y antes de comenzar a utilizar la máquina de impresión, tendrás que realizar sistemáticamente una serie de comprobaciones.

Esta primera medida permitirá confirmar que todo está ajustado a la normalidad y, aunque algunos pasos previos parecen muy básicos, lo importante es que adquieras este hábito y lo incorpores como proceso de preimpresión.

A continuación verás en qué consiste esta tarea.

2.1. Encendido del sistema

Aunque este primer paso parece lógico y evidente, en ocasiones, y al tratarse la impresión digital de una fórmula directa, se dan órdenes a la máquina desde el ordenador cuando aún todavía el encendido está en *off*.

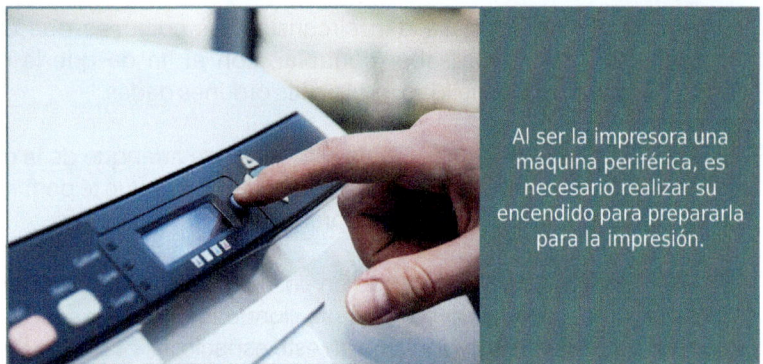

Al ser la impresora una máquina periférica, es necesario realizar su encendido para prepararla para la impresión.

 **RECUERDA**

No olvides que el proceso de impresión digital consiste en el envío de un archivo digital que contiene una información que será transmitida a la máquina de impresión para su reproducción. Previamente a este paso, con el encendido se podrá comprobar que el sistema está preparado y listo para funcionar, de modo que la máquina pueda recibir la información para ponerse a trabajar.

2.2. Mecanismos de alimentación o transporte

A diferencia de lo que sucede con la impresión *offset,* la máquina de impresión digital no requiere de tareas preparatorias ni ajustes iniciales, aunque sí cierta calibración y alineación de cabezales. Esto quiere decir que este sistema de impresión es prácticamente inmediato desde el momento en el que se activan los mecanismos de alimentación.

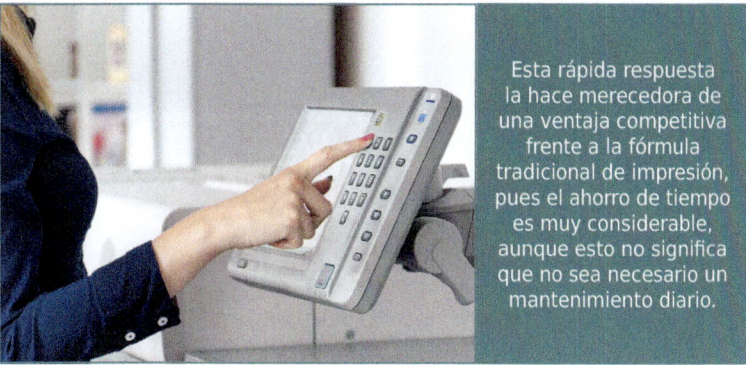

Esta rápida respuesta la hace merecedora de una ventaja competitiva frente a la fórmula tradicional de impresión, pues el ahorro de tiempo es muy considerable, aunque esto no significa que no sea necesario un mantenimiento diario.

NOTA

Normalmente cada máquina de impresión trae unas directrices para su correcta instalación, en donde se nombran los requisitos del sistema informático para poder ser fácilmente conectada, además de *drivers* que permiten la conexión vía USB como la conexión a internet.

En el caso de hacerte con una nueva máquina de impresión digital, además de realizar cuidadosamente el desempaquetado, tendrás que comprobar que todos los elementos auxiliares se encuentran incorporados y, por supuesto, que el aparato quede bien ubicado.

Pero transportar las grandes máquinas de impresión a su lugar de destino no es una tarea sencilla. Los operarios encargados del transporte deben conocer cómo manipular adecuadamente este tipo de artilugios.

VÍDEO

Existen empresas especializadas para realizar transporte nacional e internacional de maquinaria de impresión de gran formato. Este vídeo muestra un pequeño ejemplo de la operativa que supone este servicio.

Continúa en página siguiente >>

<< Viene de página anterior

https://redirectoronline.com/argi006po0401

2.3. Sistema entintador

Aunque hasta ahora hemos marcado claras diferencias entre sistemas de impresión tradicional y los de impresión digital, la maduración de este último, más nuevo, y la incorporación de tecnologías digitales absorbidas por la *offset* han hecho posible que ambos sistemas cada vez estén más cercanos e incluso puedan confluir en el trabajo de impresión. Tanto es así que, de ambas tecnologías, nace un **híbrido (*offset* digital),** que mejora tanto la calidad como la funcionalidad.

Dicho esto, y en lo que se refiere al mecanismo de impresión, vas a conocer ahora qué les diferencia y en qué se asemejan.

⊃ *Offset:* mecanismo de impresión de tres cilindros:

  ⊍ **Cilindrón n.° 1.** Se añade una placa totalmente flexible; corresponde a la matriz previamente entintada.
  ⊍ **Cilindro n.° 2.** Cubierto de caucho que recoge la matriz para ser posteriormente impresa en papel.
  ⊍ **Cilindro n.° 3.** Es un cilindro que ejerce una presión entre la hoja y el rodillo y cuya función es la de asegurar la adecuada impresión, ya que controla mediante la presión que la tinta llegue a todos los espacios e imperfecciones que puede contemplar el soporte donde se imprime.

⊃ *Offset* **digital:** mecanismo de impresión también de tres cilindros, pero con una diferencia en el primero:

  ⊍ **Cilindro n.° 1.** La placa física queda sustituida por una placa virtual, por lo que la funcionalidad de la matriz pasa a ser digitalizada. En este caso el proceso de entintado distribuye las pequeñas partículas de tinta mediante cargas electromagnéticas totalmente controladas, gracias a lo cual es posible la modificación de la imagen por otra.

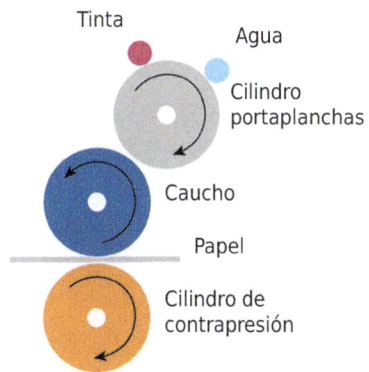

Representación de los mecanismos de impresión offset y offset digital

 **IMPORTANTE**

La funcionalidad del **sistema entintador** es la de proporcionar a la plancha la tinta necesaria para una impresión de calidad, de forma constante y uniforme.

Para que el sistema entintador cumpla correctamente su función, deberá realizar una serie de labores durante su cometido:

1. Licuar la tinta

- En primer lugar, el sistema de entintado debe remover la tinta con idea de convertirla en un estado licuoso desde el formato de plástico inicial, y así permitir más fácilmente ser transferida a la plancha.

2. Distribuir la tinta

- Posteriormente, el sistema distribuye la tinta en forma de una capa fina desde el rodillo tintero a los rodillos tintadores.

Continúa en página siguiente >>

<< Viene de página anterior

3. Depositar la tinta

- Conforma una película uniforme sobre la forma de la imagen.

4. Emulsionar la tinta

- Trata la tinta con una emulsión para que quede evaporada la parte mojada de la plancha.

5. Agrupar las partículas de tinta sueltas

- Realiza la tarea de agrupar las partículas desprendidas en suspensión para poder facilitar la limpieza de la máquina y, por ende, su mantenimiento.

 **RECUERDA**

No olvides que la impresión digital láser no requiere de planchas ni matriz de impresión (imagen que se forma en pantalla gracias a un elemento bloqueador que permite, o no, el paso de la tinta), siendo la imagen proyectada a través de un láser directamente a un tambor de impresión, que consigue distribuir el pigmento para ser transferido con calor y presión al soporte elegido. Con la inyección de tinta no es necesario ejercer presión ni cilindros, la tinta es rociada mediante pequeños puntos dirigidos que conforman la imagen sobre el material deseado.

2.4. Cambio del recipiente de tinta

El cabezal de una máquina de impresión digital con tecnología de inyección de tinta está compuesto por varios cartuchos de tinta líquida, llamados **contenedores.**

Los contenedores en este caso pueden ser de dos tipos, pudiendo quedar agrupados hasta en un conjunto de seis:

Una **única tinta:** tinta negra que permite la impresión en tonalidades grises	**Tipos de contenedores de tinta**	De **varias tintas:** las correspondientes a los colores CMYK

A través del desplazamiento del cabezal, y por medio de unos inyectores que están alimentados por los contenedores de tinta, se van suministrando microgotas para reproducir la imagen.

En el caso de las máquinas de impresión digital con tecnología láser, la operativa es diferente, pues el cabezal no trabaja mediante desplazamiento. Esta opción presenta un gran tambor que contiene la tinta en polvo (tóner) y cuyos pigmentos van transfiriéndose mediante la rotación del tambor al soporte por medio de cargas eléctricas.

En ambos casos, y cuando el contenido de la tinta no es suficiente, es necesario la recarga o sustitución de tambores o contenedores. Es posible encontrar máquinas con contenedores fijos o intercambiables e igualmente el suministro de tinta puede ser automático o manual.

NOTA

Es posible suministrar tinta mientras la máquina está funcionando en un proceso de impresión; de esta manera el trabajo es mucho más efectivo y no se pierde productividad.

APLICACIÓN PRÁCTICA

Marcos, por primera vez, debe rellenar los contenedores de tinta de manera manual. Tiene algunas dudas sobre cómo debe organizarlos. ¿Podrías ayudarle para que no cometa ningún error?

- **Un grupo de contenedores que únicamente tienen tinta negra y otro grupo de contenedores con las tintas de colores CMYK.**

Continúa en página siguiente >>

<< Viene de página anterior

- **Dos grupos de contenedores, cada uno de ellos con tinta de colores y una tinta negra.**

Solución

La tinta negra debe ir en un solo contenedor, pudiendo ser más de uno, pero en un grupo de contenedores diferentes a los depósitos que contienen las tintas de colores.

 VÍDEO

Estos dos vídeos muestran tanto el funcionamiento de la impresión digital láser como la correspondiente impresión por inyección de tintas. En ambos casos te mostrará cómo es el mecanismo interno y señala perfectamente el sistema de tintas correspondientes. A través de los siguientes enlaces podrás verlos.

*https://redirectoronline.
com/argi006po0402*

*https://redirectoronline.
com/argi006po0403*

2.5. Sistema UV

A medida que van desarrollándose las tecnologías, van surgiendo nuevas técnicas de impresión que aportan grandes satisfacciones a este sector de las artes gráficas.

Este es el caso del sistema UV, que proporciona un proceso de impresión de altísima calidad y precisión.

DEFINICIÓN

Sistema UV de impresión

Es una fórmula que consigue estampar digitalmente imágenes en materiales diversos como telas, haciendo posible con una sola técnica imprimir en soportes muy dispares.

Gracias a este sistema, los negocios pueden beneficiarse en la elaboración de una amplia gama de productos personalizados con soportes muy diferentes, haciendo una única inversión en el sistema de impresión elegido, sin necesidad de tener un inventario de productos.

El resultado que ofrece este sistema de impresión es excelente, ya que la resistencia es asegurada mediante el siguiente proceso:

Calor
- Impregnar correctamente los colores de la imagen digital.

Vaporización
- Elimina los excedentes de tintas.

Saturación
- Proporciona intensidad al color con calidad fotográfica.

Solidificación
- Proporciona resistencia y permanencia de la imagen impresa.

NOTA

Este tipo de sistema de impresión es altamente rentable para empresas o negocios enfocados exclusivamente al mundo de la impresión, ya que reduce los costes considerablemente.

- -

Para que puedas tener una visión más amplia y poder contar con más argumentos a favor de este sistema de impresión UV, también conocido por su ahorro energético como UV-LED, fíjate bien en los siguientes beneficios que puede suponer en un negocio de impresión:

ACTIVIDAD COMPLEMENTARIA

4. Has conocido las particularidades y beneficios que aporta el sistema de impresión UV. Además, has comprendido que una de las ventajas que ofrece es la gran versatilidad de materiales que soporta. Dicho esto, y haciendo una

Continúa en página siguiente >>

<< Viene de página anterior

labor de investigación, ¿podrías poner un ejemplo de productos realizados con este sistema?

---

3. Aparatos de medición para el control de la tirada

☞ HILO CONDUCTOR

Una vez comprendido el proceso de encendido y manipulación, ha llegado el momento de dominar conceptos y prácticas propios de esta metodología de impresión. José Luis comienza a explicar cuáles serán los dispositivos que ayudarán a controlar una larga tirada de impresión. No olvidemos que muchos de los asistentes cuentan con negocios que, a través de los resultados y pro-totipos, pueden proporcionar una buena promoción.

Si existe un aspecto que caracteriza la impresión digital, es la personalización de algunos ejemplares en la impresión dentro de una misma tirada. Pero independientemente de si esta es la pretensión o no, todo proceso de impresión debe estar gestionado por un sistema de control, ya que, de otra forma, pueden surgir imprevistos difícilmente gestionables que darían como consecuencia la pérdida de productividad.

Como podrás comprobar en el siguiente subapartado, las tiradas deberán ser controladas y, para ello, se hacen uso de herramientas diversas. Seguidamente conocerás algunos de estos aparatos de control.

3.1. Aparatos de medición

El **objetivo** principal que tienen estos **aparatos de control** es la de identificar durante los procesos de preimpresión, impresión y posimpresión cuáles son las causas que pudieran afectar a la calidad de producto final y dar la oportunidad de solucionarlo:

Las incidencias pueden estar originadas por fuentes diversas:

Estas fuentes pueden dar como resultado que las características de un producto o un servicio se vean finalmente afectados.

Para tener control sobre todos estos elementos en las diferentes etapas del proceso, existen diferentes herramientas:

○ **Densitómetro:** este instrumento permite controlar aspectos muy importantes en la calidad de la impresión, y que, en ocasiones, son imperceptibles a simple vista por el ojo humano: desviaciones de color, contraste, densidad, errores de tonos, la eficacia de las tintas, etc.

- **Colorímetro:** a través de este instrumento, es posible medir el color y dotarle de valor simulando la visión humana. Este aparato sirve de gran ayuda, por ejemplo, para comprobar y respetar el color de una marca comercial.
- **Espectrofotómetro:** hace posible el control de pigmentos incorporados en las tintas, ofreciendo datos e información relativa a la luminosidad, tonalidad y saturación.
- **Espectrodensitómetro:** instrumento que, además de controlar los pigmentos de las tintas, hace posible que puedan realizarse filtros para ofrecer colores diferentes.
- **Lupa de aumento:** aunque es una simple herramienta, permite aumentar el campo de visión de un área para detectar detalles de impresión.
- **Escala de control:** las escalas de control son un registro estandarizado que permite poder realizar mediciones principalmente en la fase de preimpresión. Ayudan en el calibrado de los diferentes sistemas de la máquina

 **CONSEJO**

No escatimes en la utilización de herramientas para detectar fallos en las fases previas; cuanto más avanzado esté el proceso de impresión, más costosa será la detección del error.

3.2. Control de calidad

Por último, y para concluir con esta unidad, deberás saber que, para asegurar o garantizar la calidad del trabajo final, será necesario vigilar en todo momento tanto las técnicas utilizadas como la tecnología manejada en cada una de las fases de las que se compone un sistema de impresión digital.

Este control de calidad deberá inspeccionar tres áreas involucradas en la tarea:

Recepción
- Control de recepción de materiales, máquinas y cualquier elemento necesario para la impresión.

Proceso
- Control de todos aquellos pequeños procesos que quedan englobados en el proceso de impresión, y que pueden corresponder a la digitalización de imágenes, pruebas, tratamientos, etc.

Salida
- Comprobación y control de que se cumplen los estándares establecidos en la tarea y las expectativas del cliente.

 IMPORTANTE

Debido a la globalización, se ha establecido un estándar de calidad para la impresión digital. Poseer esta certificación denominada PSD (Process Standard Digital) significa la existencia de un control de calidad necesaria en estas nuevas tecnologías de impresión digital. Este certificado está creado bajo la influencia de la norma ISO 15311, que ofrece respuesta a la demanda de calidad exigida, aunque es el estándar de impresión recogido en la Norma ISO 12647:2 la que determina e informa a la imprenta cuáles son los parámetros de los colores exigidos por los clientes.

Sello de certificación PSD

 **TAREA 4**

Pepa y Sonia han decidido emprender poniendo en marcha un negocio de impresión personalizada de ropa y todo tipo de materiales. El primer día que reciben su máquina en el local tienen cierta confusión de cómo deben proceder para su puesta en funcionamiento sin dañar el sistema de impresión. Por otra parte, desconocen si existe algún mecanismo que les facilite controlar la tirada y evitar cometer errores que les haga perder productividad y credibilidad frente a sus clientes. La fecha de inauguración de la tienda se aproxima, y quieren tener estas dudas resueltas antes de que llegue el primer encargo de trabajo.

Basándote en estos datos, ayuda a estas emprendedoras para que conozcan los pasos previos de preparación de la máquina de impresión e identifícales los elementos que necesitan para contar con el control de tirada.

4. Resumen

Comenzar a realizar trabajos de impresión digital implica no solo la disposición de un archivo digital que contenga la imagen que se va a reproducir, sino además la puesta en marcha de la máquina y revisión de todos los mecanismos que hacen posible la tarea.

Con la conexión a la red y el acceso a internet, la máquina periférica está preparada para recibir la orden de impresión emitida desde el ordenador.

Orden de trabajo directa para la impresión digital

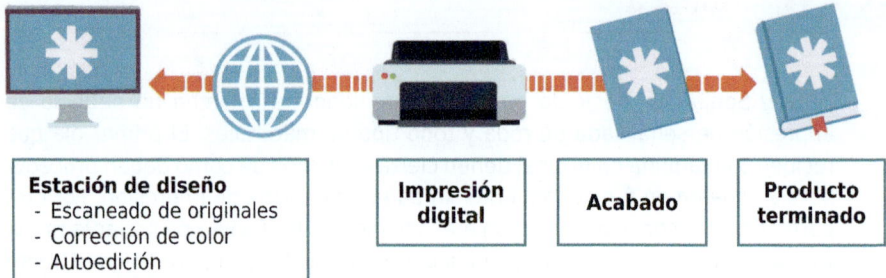

Estación de diseño
- Escaneado de originales
- Corrección de color
- Autoedición

Impresión digital

Acabado

Producto terminado

Sin embargo, es necesario conocer cómo funciona un sistema de entintado que permitirá transferir la tinta a la plancha matriz, para ser posteriormente transferida, ya sea a papel u otro material, de forma continua y uniforme. En este sentido, el sistema de entintado tradicional se diferencia del digital porque este último no dispone de matriz y la transferencia de color va directa al soporte de impresión.

Será en los contenedores o en los tambores donde se almacene la tinta, que estará agrupada por colores, pudiéndose rellenar o cambiar de manera automática o manual.

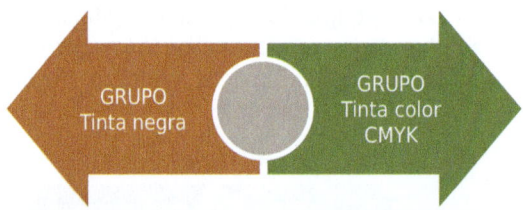

La tecnología elegida, mediante láser o inyección, suministrará la tinta, aunque existen otros sistemas que, mediante el estampado, permiten reproducir imágenes con una excelente calidad fotográfica en infinidad de soportes y materiales, siendo una excelente opción para negocios del sector de la impresión, por ahorro y simplificación de maquinarias y otras ventajas adicionales.

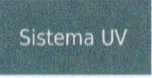

Son los instrumentos de control los que servirán para **prevenir, detectar, corregir, mejorar** y **demostrar** resultados, haciendo posible que el producto final cuente con el estándar de calidad y cumpla con las expectativas del cliente.

Ejercicios de autoevaluación
Unidad de Aprendizaje 4

1. Indica si las siguientes afirmaciones son verdaderas o falsas:

a. La impresión digital cuenta con características técnicas y tecnológicas, capaces de ofrecer resultados siempre homogéneos.

- ■ Verdadero
- ■ Falso

b. Cualquier operario o usuario de impresión digital debe saber controlar y gestionar la máquina con el fin de que responda con total normalidad frente a las órdenes dadas.

- ■ Verdadero
- ■ Falso

c. La máquina de impresión digital es un aparato periférico que requiere del encendido para iniciar la impresión.

- ■ Verdadero
- ■ Falso

2. La funcionalidad del sistema entintador es...

a. ... la de proporcionar a la plancha la tinta necesaria para una impresión de calidad, de forma constante y uniforme.
b. ... la de proporcionar a la impresora la tinta necesaria para imprimir.
c. ... la de proporcionar a la plancha la tinta necesaria para una impresión de calidad no uniforme.
d. Todas las opciones son incorrectas.

3. El sistema entintador...

a. ... licua en un primer momento la tinta.
b. ... distribuye la tinta necesaria.
c. ... agrupa las partículas de tinta suelta durante el proceso.
d. Todas las opciones son correctas.

4. Los contenedores de tinta pueden ser...

a. ... de una sola tinta negra.
b. ... de varias tintas de diferentes colores.
c. ... de colores correspondientes al CMYK.
d. Todas las opciones son correctas.

5. El suministro de tinta a la máquina de impresión puede...

a. ... ser manual.
b. ... ser automático.
c. ... darse mientras la máquina está funcionando.
d. Todas las opciones son correctas.

6. La fórmula que consigue estampar digitalmente imágenes en materiales diversos como telas, haciendo posible con una sola técnica imprimir en soportes muy dispares, se denomina:

a. Sistema UB
b. Sistema UV
c. Sistema IV
d. Sistema UY

7. El sistema de impresión UV garantiza la excelencia y calidad en los resultados gracias al proceso que sigue en este orden:

a. Calor, saturación, vaporización y solidificación.
b. Saturación, solidificación, calor y vaporización.
c. Calor, vaporización, saturación y solidificación.
d. Todas las opciones son incorrectas.

8. Un sistema UV es beneficioso para un negocio de impresión porque...

a. ... ahorra energía.
b. ... ofrece un resultado extraordinario en cualquier soporte que entre en un sistema de impresión.
c. ... no necesita un secado rápido.
d. Todas las opciones son correctas.

9. El instrumento de control que permite controlar aspectos muy importantes en la calidad de la impresión, y que en ocasiones son imperceptibles a simple vista por el ojo humano (como desviaciones de color, contraste, densidad, errores de tonos, la eficacia de las tintas, etc.), se denomina:

   a. Escala de control.
   b. Espectrofotómetro.
   c. Densitómetro.
   d. Todas las opciones son incorrectas.

10. El instrumento de control de pigmentos de tintas que permite crear nuevos colores mediante filtros se denomina:

    a. Espectrodensitómetro
    b. Lupa de aumento
    c. Colorímetro
    d. Espectrofotómetro

Tirada

Contenido

Objetivos

El objetivo general de esta Unidad de Aprendizaje es:

→ Conocer las precauciones básicas para desarrollar correctamente el trabajo de impresión en función de las características exigidas en la tirada.

El objetivo específico de esta Unidad de Aprendizaje es:

→ Reconocer errores comunes de impresión propios del *banding* y darles solución.

1. Introducción

Cuando el resultado gráfico es el adecuado para ser enviado a la impresión digital, el proceso continúa desde el lugar de operaciones donde la impresora iniciará su trabajo de reproducción del archivo digital. Conocida ya la preparación y puesta a punto de la máquina de impresión, toca ahora gestionar y administrar adecuadamente la orden de tirada, a fin de evitar sobrecostes o malgasto de materiales.

En esta unidad, conocerás cuáles son los **errores más comunes** que han de ser reconocidos antes de enfrentarse a la **tirada de ejemplares,** con idea de darles **solución** y poder ofrecer así un trabajo de impresión de calidad.

Para ello, nos seguiremos basando en el caso de José Luis, el experto profesor en TIC que, como responsable del espacio cocreativo, trata de aportar conocimientos a un alumnado muy interesado no solo en aspectos relacionados con el diseño gráfico, sino también con el arte de la impresión.

2. Preparación inicial del trabajo

☞ HILO CONDUCTOR

José Luis está interesado en que todos los asistentes a las jornadas técnicas terminen por comprender que el proceso de impresión digital, aunque no parece nada complejo, requiere del dominio de algunos conceptos. La intención es que, de cara a la tirada de ejemplares, todos sean capaces de hacer frente a los inconvenientes que pudieran surgir.

- -

La orden de trabajo de impresión de **tirada** comienza cuando la máquina recibe un documento electrónico original, bien sea por medio de un escáner integrado o a través de la interfaz de cualquier dispositivo electrónico.

Actualmente, gracias a las pruebas digitales por *soft-proofing* o simulación de color en pantalla, se puede prever con mayor precisión el resultado de impresión sin necesidad de imprimir físicamente.

Con esta labor previa, además de evitar males mayores que implican un malgasto de tiempo y de material, conseguirás afianzar la relación con tu cliente.

> Puedes mejorar la comunicación con el cliente haciendo que esta sea totalmente personalizada.

> Puedes demostrar la fiabilidad que necesita el cliente mediante un resultado previo.

> Puedes aprovechar esta comunicación para ofrecer otras soluciones personalizables con la versatilidad que ofrece la técnica de impresión digital, acordes al ámbito de actuación de tu cliente. Esta venta cruzada permitiría aumentar el margen de beneficio de la imprenta.

DEFINICIÓN

Tirada

Es un concepto que representa al conjunto de elementos idénticos que, a modo de ejemplares, nacen de una misma edición de impresión.

Si tienes curiosidad por conocer un ejemplo de cómo ha de ser el trabajo previo de preparación de un archivo digital, las dos imágenes siguientes te mostrarán qué conceptos son los empleados para preparar un libro para ser impreso. Recuerda que normalmente esta tarea, considerada como **arte final,** no es otra cosa que ajustar el material diseñado a un lenguaje informático conocido que aporte la suficiente calidad y condiciones para ser reproducido en la imprenta en el soporte elegido (en este caso sería algún tipo de papel).

EJEMPLO

Aunque la gran mayoría de *software* de diseño gráfico admite la posibilidad de incluir información válida para la impresión, es posible que en algún momento

Continúa en página siguiente >>

‹‹ *Viene de página anterior*

llegue a tus manos un archivo Word que difícilmente te mostrará opciones como estas:

Terminología básica empleada en la preparación de archivos para imprenta (arte final)-Exterior (cubiertas)

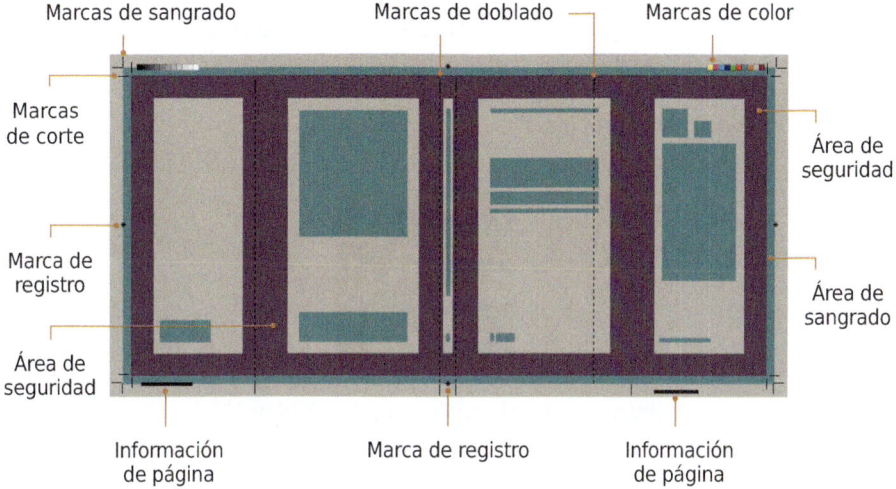

Muestra de marcado para impresión del exterior de un libro

Terminología básica empleada en la preparación de archivos para imprenta (arte final)-Interior (tripa)

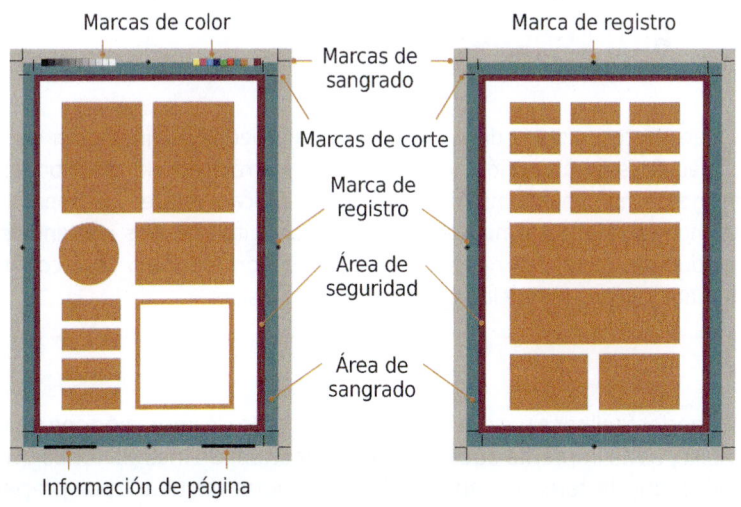

Muestra de marcado para impresión del interior de un libro

CONSEJO

Aunque la labor de arte final no es propia del operario de la máquina de impresión digital, es posible que muchos encargos no provengan de maquetadores ni diseñadores expertos, y no cuenten con los conocimientos para dotar al archivo de los requisitos básicos para ser imprimidos con total calidad. El formato recomendable suele ser el PDF, aunque existen variables que son capaces de reproducir con total garantía el contenido del archivo digital. Para conocer más sobre las variantes del formato PDF/X y su aplicación en la impresión profesional, puedes consultar el artículo oficial de *Adobe:*

https://redirectoronline.com/argi006po0505

3. Impresión del trabajo

 HILO CONDUCTOR

Aunque las tecnologías de impresión digital pueden resumirse en tres, tanto las máquinas de inyección como las láser y otras tecnologías híbridas traen consigo un manual de instrucciones para enfocar la tarea de impresión con total normalidad. Sin embargo, los archivos digitales cuyos contenidos serán reproducidos necesitan haber pasado previamente el filtro para confirmar el arte final y poder así iniciar las tareas de impresión.

Para poder facilitar a tus clientes que el encargo de impresión sea un trámite sencillo, cada imprenta suele ofrecer un manual de instrucciones que hace posible que la tarea de arte final se convierta en una labor preparatoria realmente fluida.

ACTIVIDAD COMPLEMENTARIA

5. Como has podido comprobar, determinadas imprentas *online* publicitan en sus webs un manual de instrucciones para facilitar al cliente que el envío del archivo, cuyo contenido será impreso, contenga los requisitos mínimos para obtener un resultado de calidad.
Basándote en esto, te proponemos que indagues en *Google* y localices otro manual de instrucciones proporcionado por otra imprenta digital.

Cuando tengas en tu poder el archivo ya preparado y listo para ser reproducido, únicamente tendrás que transmitir a la máquina la orden de impresión acorde a los parámetros establecidos y comprobar que esté alimentada de la cantidad de tintas necesarias y soporte requerido para comenzar la impresión.

 ## PARA SABER MÁS

Para saber no solo cómo preparar el documento, sino también cómo proceder a la impresión, puedes acceder al siguiente enlace sobre la guía de usuario de *Adobe InDesign 2024,* uno de los programas más actualizados y usados en la impresión digital.

https://redirectoronline.com/argi006po0506

4. Regulación de la inyección

☞ **HILO CONDUCTOR**

Los primeros resultados ya están disponibles para ser analizados. El alumnado ha podido reproducir su propio diseño gráfico. José Luis aprovecha las muestras para informar a la clase de algunos errores detectados.

¿Alguna vez has observado en un documento impreso unas rayas horizontales donde parece faltar color? Este tipo de efecto es conocido en el mundo de la impresión como **banding.**

El *banding* es un defecto de impresión ocasionado por la irregularidad del suministro de tinta, que ofrece un resultado de pésima calidad.

Este fallo de impresión conocido como **banding** puede estar ocasionado por varios motivos. Lo importante es que conozcas cuáles podrían ser las **razones** y así poder evitar que esto ocurra. Fíjate en ellas:

⮕ **Cabezales en mal estado:** es posible que pueda existir un taponamiento en las vías de salida de la tinta por los cabezales de impresión. Estos orificios, llamados *nozzles,* son extremadamente pequeños, pudiéndose acumular tinta que, una vez secada, impide que el líquido salga con normalidad. La mayoría de impresoras actuales incorporan rutinas automáticas de limpieza de cabezales y autodiagnóstico, lo que reduce la intervención manual y mejora la fiabilidad del equipo.

⮕ **Falta de presión:** para que la tinta salga por los *nozzles,* es necesario ejercer una presión de aire que haga posible que las gotas salgan sin dificultad. Esta presión de aire ayuda a que la tinta discurra por unos tubos hasta la salida donde se impregnará el soporte. Es posible localizar algún fallo como agujeros o pliegues que hacen posible que la presión disminuya; como consecuencia, el color se distribuye irregularmente. Es necesario la sustitución de los tubos y la revisión de las juntas.

➲ **Descompensación de los mecanismos de arrastre:** la mecánica de arrastre del soporte y rotación de los rodillos que tiene una impresora en ocasiones no están alineados a una misma velocidad. Esta circunstancia, ya sea porque el soporte se mueva más rápido que el cabezal o más lento que este, ofrece unos resultados de *banding.* En este sentido, habrá que tratar el ajuste de velocidad en ambos elementos transportadores (tinta y soporte). Esta operación se suele realizar ajustando tornillos de ambas mecánicas y también limpiando los motores.

➲ **El estado del soporte:** es posible también que el soporte no esté en un estado de calidad óptimo para recibir la transferencia de tinta. Cualquier mota de polvo puede condicionar el resultado final. También es posible que, de fábrica, el soporte traiga alguna oquedad que impida que la tinta se redistribuya de forma normal. Para este caso la única solución es el cambio de soporte.

➲ **El diseño incorrecto:** es importante que la persona encargada de diseñar el documento cuente con conocimientos relacionados a la finalidad de su trabajo, las técnicas de impresión digital y los sustratos o materiales que serán seleccionados para dar forma a su creación. De no ser así, es posible que una vez que se dé la orden de impresión el resultado muestre errores como el *banding.* El arte final permite retocar parámetros no acordes con la solución esperada.

5. Soporte o sustrato

☞ HILO CONDUCTOR

Aclaradas las fórmulas para solucionar ciertos errores comunes que fácilmente pueden darse en la impresión digital, llega la hora de establecer las diferencias entre soporte y material para que el alumnado sepa utilizar estos términos con propiedad. Además, es muy importante conocer qué características hay que valorar a la hora de determinar el sustrato sobre el cual se imprimirá.

En un entorno profesional de la impresión digital, el tipo de sustrato empleado puede ir más allá del típico papel convencional. La versatilidad de impresión que ofrecen las máquinas de impresión digital admiten el uso de una gran variedad de soportes o sustratos.

DEFINICIÓN

Soporte o sustrato
Elemento físico sobre el cual se presenta la solución de impresión digital, pudiendo ser de diferentes materiales.

La decisión de elegir un tipo de sustrato dependerá de muchos factores: el económico, la funcionalidad o incluso el uso que tendrá el material. Pero, antes de conocer la gran variedad existente, has de tener claro algunos términos que podrán ayudarte a seleccionar la mejor opción para que el resultado de la producción sea la correcta.

GROSOR
- El grosor será tenido en cuenta cuando el soporte elegido sea papel. En este caso, es previsible no seleccionar un sustrato que cuente con un grosor muy grande si la funcionalidad del trabajo consiste en mostrar información en simples folletos. En el ámbito de la impresión digital, el concepto grosor puede ser sustituido por el de gramaje.

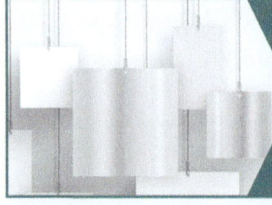

ACABADO
- El acabado puede ser mate o brillante. Se trata de la capacidad que tenga el sustrato de destellar la luz o no. Los acabados con características que reflejan mucha luz (brillantes) son más resistentes.

RECUBRIMIENTO
- Es un material que, aplicado al sustrato de papel, consigue mostrar una mayor definición y colores más intensos en la impresión. Puede ser mate o brillante. Esta técnica de recubrimiento recibe el nombre de **estucado**.
Además de los recubrimientos tradicionales, hoy en día existen sustratos inteligentes y ecológicos que permiten efectos especiales o impresión sobre materiales reciclados sin perder calidad.

Ha llegado el momento de que conozcas los soportes más habituales que se utilizan en la impresión digital. Las siguientes imágenes muestran un ejemplo de los tipos de formatos que pueden elegirse, acordes a la funcionalidad del producto final. ¡Presta atención a todos ellos!

Papeles Y Cartulinas							
Material	Bond	Couché	Papel reciclado	Papel certificado FSC	Opalina	Cartulina C12/C16	Cartón corrugado
Tarjetas		●	●	●	●		
Papelería interna	●		●	●			
Brochures	●	●	●	●			
Volantes	●	●	●	●			
Carpetas		●	●	●	●	●	
Habladores		●	●	●	●	●	
Portadas de libros		●		●		●	
Páginas internas de libros	●	●	●	●			
Rotulación para una campaña corta							●
Invitaciones		●	●	●	●		
Revistas		●					
Stand up							●

Materiales Sintéticos						
Material	Bond	Couché	Papel reciclado	Papel certificado FSC	Opalina	Cartulina C12/C16
Habladores				●		
Banners	●	●				
Rótulos				●	●	●

Continúa en página siguiente >>

<< Viene de página anterior

Materiales Sintéticos						
Material	Bond	Couché	Papel reciclado	Papel certificado FSC	Opalina	Cartulina C12/C16
Gran formato (interno)	●	●				
Gran formato (externo)			●			
Rotulación para una campaña corta						●
Gafetes				●		

Indicación de sustratos que pueden elegirse en función del material y su funcionalidad

 PARA SABER MÁS

Para conocer las características y particularidades de los diferentes sustratos, entra en el siguiente enlace proporcionado por Kerigma, donde ofrece información y podrás valorar por ti mismo qué soporte será el ideal en función de alguna idea de impresión que tengas en mente.

https://redirectoronline.com/argi006po05031

 APLICACIÓN PRÁCTICA

Manoli es veterinaria y ejerce en una consulta de propiedad. Está interesada en poder mostrar en la sala de espera de su centro veterinario

Continúa en página siguiente >>

<< Viene de página anterior

algún tipo de material gráfico con su publicidad. Ha pensado reunir en un documento todos aquellos eventos en los que participa solidariamente en el ejercicio de su profesión. La idea es que pueda servir de apoyo publicitario a todos los usuarios que acceden a la consulta para invitarles a participar o a colaborar con la adopción de mascotas. El comercial del centro de impresión mantiene una pequeña entrevista con ella, para valorar sus necesidades, y le ha informado de la existencia de varios soportes en los que podría presentar el material. ¿Sabrías ayudar a Manoli a tomar una buena decisión sobre qué soporte será el mejor?

- Opalina.
- *Papel Bond.*
- *Smooth banner.*

Solución

El *Smooth Banner* es un sustrato más orientado a impresiones de gran formato o *banners*. El *papel Bond* podría ser una opción válida, aunque este soporte tenderá a reducir la intensidad de las imágenes mostradas en el material. La opción más acertada sería la opalina, un material que permite la impresión a doble cara y, aunque el resultado es mate, soporta bastante bien la manipulación a la que estará sometido.

6. Revisión del impreso

👉 HILO CONDUCTOR

Llegado a este punto, el alumnado de esta Fab Lab empieza a comprender la importancia de revisar cada etapa del proceso de la impresión digital. José Luis no ha escatimado esfuerzos y ha dedicado largo tiempo en explicar a los asistentes los motivos y razones por los que es necesario no solo revisar el material impreso, sino también cualquier otro momento previo.

Todos los aspectos relacionados con la revisión durante todo el proceso de la impresión digital tienen la finalidad de garantizar que cada fase en el proceso productivo esté exenta de fallos. En cuanto a la última revisión, la prueba de impresión permitirá detectar y corregir errores descubiertos antes de proceder con la tirada de ejemplares.

Estos fallos detectables en las pruebas pueden ser diversos:

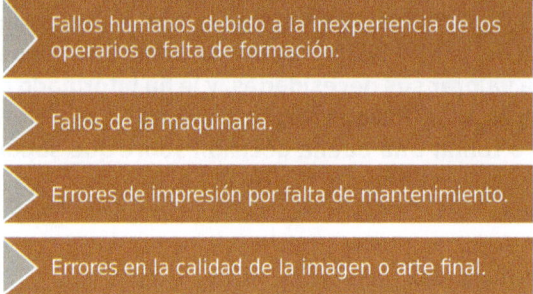

Fallos humanos debido a la inexperiencia de los operarios o falta de formación.

Fallos de la maquinaria.

Errores de impresión por falta de mantenimiento.

Errores en la calidad de la imagen o arte final.

 **CONSEJO**

No escatimes atenciones en la realización de pruebas de impresión porque contribuyen a detectar y corregir errores que, de lo contrario, ocasionaría no solo retrasos en la entrega, sino también un coste mayor de producción.

7. Opciones de impresión

☞ HILO CONDUCTOR

Hoy la clase finalizará con un largo listado de soportes y sustratos para que los participantes puedan ver la versatilidad que ofrece el mundo de la impresión digital. No todo es papel, cartulina o *foam*, y hay muchos otros "materiales" que permiten mostrar la información del archivo digital.

En alguna imagen anterior, ya has podido apreciar cuáles son muchas de las opciones de impresión que ofrece la técnica digital. No obstante, la siguiente información te proporcionará un campo mucho más amplio; aplicaciones que, a día de hoy, resultan ser ideales en tiradas personalizadas o de datos variables, incluso en grandes volúmenes gracias a la automatización actual, ya que, tal y como recordarás, esta es una de las ventajas que ofrece esta impresión frente a la tradicional.

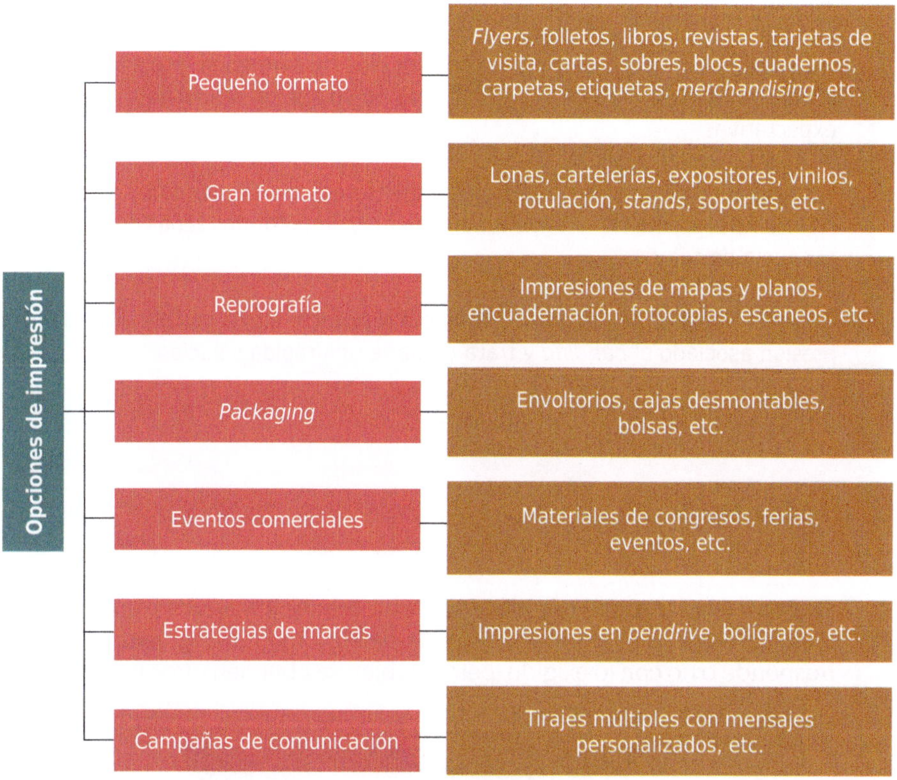

Opciones de impresión		
	Pequeño formato	*Flyers*, folletos, libros, revistas, tarjetas de visita, cartas, sobres, blocs, cuadernos, carpetas, etiquetas, *merchandising*, etc.
	Gran formato	Lonas, cartelerías, expositores, vinilos, rotulación, *stands*, soportes, etc.
	Reprografía	Impresiones de mapas y planos, encuadernación, fotocopias, escaneos, etc.
	Packaging	Envoltorios, cajas desmontables, bolsas, etc.
	Eventos comerciales	Materiales de congresos, ferias, eventos, etc.
	Estrategias de marcas	Impresiones en *pendrive*, bolígrafos, etc.
	Campañas de comunicación	Tirajes múltiples con mensajes personalizados, etc.

TAREA 5

Mariano es el operario que, a partir de ahora, se encargará de administrar la máquina de impresión de un pequeño taller de diseño gráfico.

Luís, propietario del negocio, realiza labores comerciales y será Mariano quien, una vez reciba los pedidos, proceda a transferir a la impresora el trabajo encomendado.

Hace aproximadamente un mes que recibieron la maquinaria, y fue entonces cuando por primera y única vez se puso en marcha para ser probada por un

Continúa en página siguiente >>

<< Viene de página anterior

técnico de la marca, quien hizo varias pruebas de impresión. Mariano tratará de seguir las instrucciones y consejos recibidos, ya que fue instruido en la instalación de cómo debía proceder para que la tarea se hiciera con fluidez.

Sin embargo, parece que con el primer pedido ha surgido un problema imprevisible, pues la calidad de los ejemplares no se acerca ni mucho menos a las expectativas.

Mariano ha observado que el flujo de tinta no sale con regularidad y el material resultante presenta unas rayas horizontales con importantes zonas donde existe ausencia de color.

Con esta información, ayuda a Mariano a reconocer algún posible error de impresión asociado al *banding* y trata de darle una rápida solución.

---

8. Resumen

Antes del proceso de impresión de una tirada, y mediante una prueba impresa, será posible determinar si la calidad del material resultante corresponde o no con lo exigido, pero también se obtienen otros beneficios:

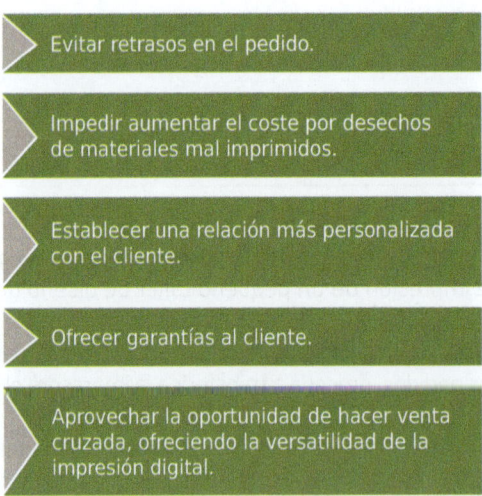

Evitar retrasos en el pedido.

Impedir aumentar el coste por desechos de materiales mal imprimidos.

Establecer una relación más personalizada con el cliente.

Ofrecer garantías al cliente.

Aprovechar la oportunidad de hacer venta cruzada, ofreciendo la versatilidad de la impresión digital.

También como trabajo previo, es necesario comprobar si el **arte final** cumple con los requisitos para una correcta impresión digital.

El operario, antes de poner en marcha el trabajo de impresión, se asegurará de que el proceso de impresión no dará lugar a ningún error de *banding*. Para ello cada día deberá realizar un correcto mantenimiento de la maquinaria y prestar especial atención a la regulación de la inyección de la máquina.

Si todo esto es correcto, será posible transmitir el color al **soporte o sustrato** elegido, que no es otra cosa que el elemento sobre el cual la imagen digital será reproducida.

La impresión digital permite realizar tanto tiradas cortas como grandes tiradas, admitiendo una gran variedad de soportes que hacen que esta técnica vaya cobrando mayor relevancia.

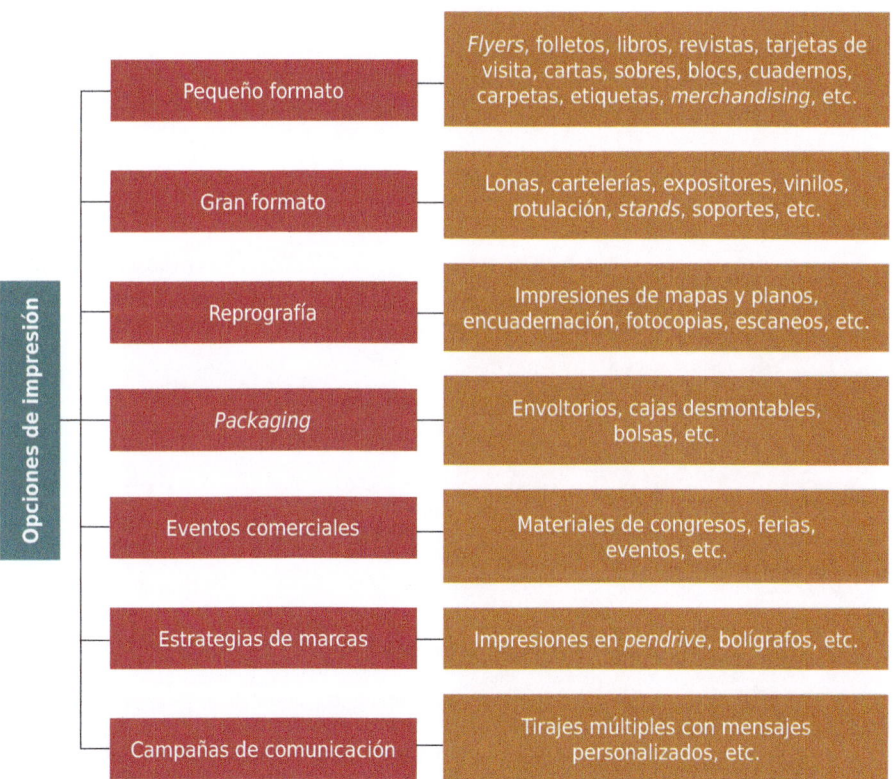

Ejercicios de autoevaluación
Unidad de Aprendizaje 5

1. Indica si las siguientes afirmaciones son verdaderas o falsas:

a. El concepto que representa al conjunto de elementos idénticos que, a modo de ejemplares, nacen de una misma edición de impresión se denomina tirada.

- Verdadero
- Falso

b. Gracias a las pruebas previas a la tirada, es posible garantizar al cliente la calidad del resultado final.

- Verdadero
- Falso

c. Una máquina de impresión digital únicamente puede recibir el documento electrónico original a través de la interfaz del ordenador donde se ha creado el diseño.

- Verdadero
- Falso

2. Con la prueba previa a la orden de impresión de la tirada, además de evitar males mayores que implican un malgasto de tiempo y de material, es posible...

a. ... mejorar la comunicación con el cliente, haciendo que esta sea totalmente personalizada.

b. ... demostrar la fiabilidad que necesita el cliente mediante un resultado previo.

c. ... aprovechar esta comunicación para ofrecer otras soluciones personalizables con la versatilidad que ofrece la técnica de impresión digital a través de la venta cruzada.

d. Todas las opciones son correctas.

3. El arte final es:

    a. El trabajo previo de preparación de un archivo digital antes de ser enviado a impresión para que el resultado sea de calidad.

    b. El trabajo de modificación de un archivo digital después de haber sido impreso y detectado los errores.

    c. La preparación de la máquina de impresión.

    d. Todas las opciones son incorrectas.

4. La labor de arte final le corresponde...

    a. ... al diseñador gráfico.

    b. ... al operario.

    c. ... al diseñador gráfico y al operario.

    d. Todas las opciones son incorrectas.

5. El *banding* es

    a. Un tipo de soporte.

    b. Una técnica de impresión digital.

    c. Un defecto de impresión ocasionado por una irregularidad del suministro de tinta.

    d. Todas las opciones son incorrectas.

6. El origen del *banding* puede encontrarse en:

    a. El mal estado de los cabezales.

    b. La falta de presión en el suministro de tinta.

    c. El estado del soporte.

    d. Todas las opciones son correctas.

7. ¿Qué términos tienen la misma definición?

    a. El soporte y el sustrato.

    b. El material y el soporte.

    c. El sustrato y el material.

    d. El soporte, el material y el sustrato.

8. **Al seleccionar un soporte, es necesario previamente conocer aspectos relativos a su...**

    a. ... grosor.
    b. ... acabado.
    c. ... recubrimiento.
    d. Todas las opciones son correctas.

9. **Con la revisión del material impreso es posible detectar...**

    a. ... fallos humanos debido a la inexperiencia de los operarios o falta de formación.
    b. ... fallos de la maquinaria.
    c. ... errores de impresión por falta de mantenimiento.
    d. Todas las opciones son correctas.

10. **La aplicación de la tecnología de impresión digital es apta para...**

    a. ... el *packaging.*
    b. ... la elaboración de materiales de eventos comerciales.
    c. ... la elaboración de materiales tanto de gran formato como de pequeño formato.
    d. Todas las opciones son correctas.

Control de calidad

Contenido

Objetivos

El objetivo general de esta Unidad de Aprendizaje es:

→ Saber abordar los diferentes controles de calidad de un proyecto gráfico ajustado a un sistema de impresión digital.

El objetivo específico de esta Unidad de Aprendizaje es:

→ Identificar métodos de control de calidad para la impresión digital con idea de alcanzar los objetivos propuestos en una solución determinada.

1. Introducción

Una vez que el usuario ha preparado el archivo con las propiedades técnicas de la imprenta digital, esta deberá cotejar que el **arte final** cumple con los requisitos exigidos para poder ofrecer un **resultado óptimo**. Este es el momento en el que la imprenta realiza mediante pruebas un control exhaustivo de calidad.

En esta unidad tratarás todos los elementos y procesos de esta revisión, ya que conforman lo que en el mundo de la impresión gráfica se denomina **control de calidad.**

Para ello, nos seguiremos basando en el espacio cocreativo que José Luis ha puesto en marcha y que parece que a su público le está encandilando.

2. Definición de calidad

 **HILO CONDUCTOR**

Una vez que los integrantes del curso de impresión digital han experimentado cómo son los resultados de sus diseños gráficos ya impresos, José Luis quiere hacer una mención especial a una importante operativa llamada control de calidad. Pero antes tendrá que explicar a su fiel alumnado qué se entiende en el arte gráfico por calidad.

- -

A nivel empresarial, el proyecto gráfico comienza con una fase creativa con la intención de obtener un resultado final, que cubra los objetivos estratégicos y comerciales de una marca a fin de llegar más fácilmente a un público objetivo.

La impresión digital proporciona la versatilidad que los negocios necesitan para llevar a cabo estas estrategias comerciales. Sin embargo, existe un momento en el desarrollo del proyecto en el que la producción gráfica deberá ser sometida a un control de **calidad** antes de ser enviada a la etapa final o entrada a los equipos de impresión.

Pero antes de explicar en qué consiste el control de calidad, ¿sabrías definir qué se entiende por impresión de calidad?

Calidad de los procesos

- La calidad de los procesos garantiza que toda la operativa necesaria en el desarrollo de una solución final sea la ajustada para que el resultado sea el deseado. En los procesos confluyen aspectos técnicos (requerimientos técnicos y materiales), pero también otros tan importantes como la buena comunicación entre los que participan en el proyecto, ya sea en su pase de desarrollo como en la de producción; un diálogo tan necesario para saber plasmar ideas y abordar planteamientos. Sin la calidad de procesos, difícilmente puede alcanzarse una calidad en los resultados.

Calidad del resultado

- La calidad del resultado puede definirse como una solución final a un trabajo realizado que ofrece la satisfacción plena del cliente con los parámetros previamente establecidos (técnicas, soportes, acabados, ausencia de fallos, plazos de entrega, etc.).

Calidad

- La calidad, en general, es un término abstracto que engloba conceptos relacionados con la garantía, seguridad, profesionalidad y proactividad, entre otros, que en definitiva hacen posible que un cliente esté satisfecho acorde a sus expectativas, bien porque sean alcanzadas o superadas.

3. Control de calidad

👉 HILO CONDUCTOR

Una vez que el grupo ha comprendido el significado de "calidad", José Luis ha pretendido (y conseguido) que cada participante esté en predisposición para descubrir en qué consisten las maniobras de control de calidad dentro del ciclo de producción de la impresión digital.

La impresión digital puede considerarse la fase final de un arte comunicativo, donde el elemento impreso o reproducido tiene gran capacidad de comunicación con el exterior.

Para que esto sea posible, las piezas deberán estar sometidas a un **control de calidad,** de tal manera que, mediante la impresión digital, se garantice que la solución resultante cumpla con su verdadero objetivo.

Recuerda que la imprenta digital admite una gran variedad de soportes y sustratos. Esto hace que los procesos de control de calidad no sean idénticos ni sistemáticos.

 DEFINICIÓN

Control de calidad
Es el conjunto de aplicaciones, procesos, técnicas y tecnologías dadas en las fases de preimpresión, impresión y posimpresión, que permiten garantizar que un producto gráfico final cuente con las precisiones técnicas necesarias.

4. Requisitos, aplicaciones y procesos

 HILO CONDUCTOR

Para que los participantes de la Fab Lab comprendan mucho mejor en qué consiste verdaderamente un control de calidad, José Luis comienza a explicar qué elementos hay que revisar tanto en el resultado final de la impresión digital como en las aplicaciones y todos los procesos que conforman la producción gráfica.

Como sabrás, las normas ISO representan un conjunto de reglas enfocadas a crear una ordenación estandarizada en la gestión de una empresa y están definidas por el **Organismo Internacional de Estandarización (ISO).** En cuanto al ámbito de la impresión digital, existe una certificación estándar a fin de asegurar que el sistema de impresión digital gestionado cumple con unas reglas que lo identifican como un sistema de calidad, puesto que estaría sometido a las comprobaciones técnicas establecidas en la norma correspondiente alcanzando los objetivos.

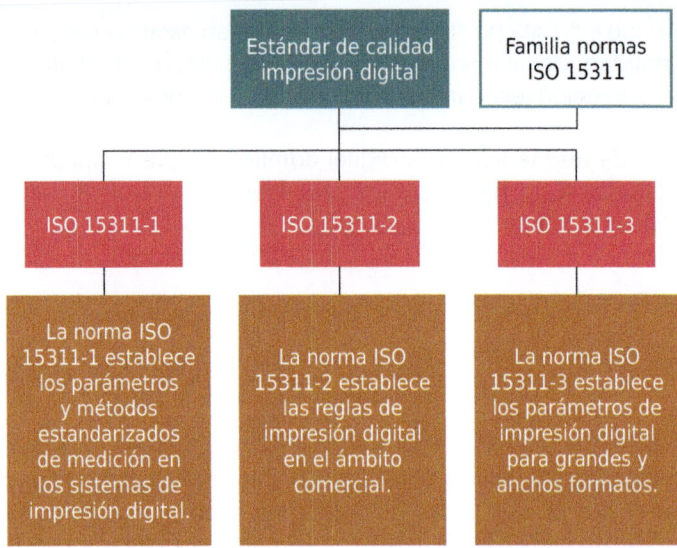

4.1. Requisitos: calidad de impresión

Valorando la calidad desde la perspectiva del producto final, y teniendo en cuenta el proceso de impresión, una **calidad estandarizada** debe garantizar dos objetivos fundamentales:

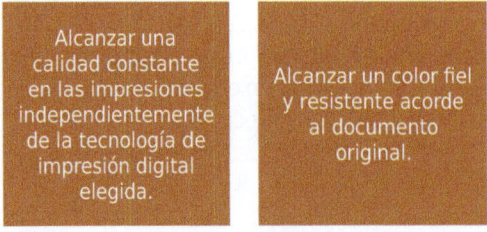

4.2. Requisitos: aplicaciones y procesos

En cuanto a las aplicaciones y los procesos en el desarrollo de un proyecto gráfico hasta su culminación, el concepto de calidad estándar está basado en la garantía y seguridad de que la totalidad de tareas permiten asegurar una calidad final con una fiel reproducción del color digital.

Calidad constante
en los procesos
y aplicaciones

 ACTIVIDAD COMPLEMENTARIA

6. Como has podido comprobar, los estándares de calidad pueden quedar definidos en reglas y normas estandarizadas como son las normas ISO.
Te proponemos que accedas a la página de AENOR INTERNACIONAL y localices una importante norma en vigor relacionada con el control de procesos en la impresión digital. Recuerda que las normas ISO que localices deben ser diferentes a las normas expuestas en el contenido previo.

https://redirectoronline.com/argi006po0601

5. Elementos y procesos para el control

En el transcurso de la explicación, uno de los alumnos plantea una cuestión relacionada con las marcas que aparecen en el arte final, y cuestiona si tiene que ver con algún proceso de control durante la impresión. José Luis aprovecha esta pregunta para enlazar la temática del día con aquellos elementos que sirven para controlar la calidad en los documentos. ¿Conseguirá aclarar las dudas?

El control de calidad variará en función de la etapa del proceso de impresión donde se lleve a cabo. En este sentido puedes distinguir tres partes donde se ejecutarán exámenes diferentes:

- **Control en la recepción:** el control de calidad está orientado a identificar la maquinaria y materiales que son necesarios para ejecutar el trabajo de impresión:

  - Comprobación de la caducidad de los sustratos.
  - Selección de la maquinaria.
  - Calibración de la maquinaria.
  - Evaluación de la temperatura y tiempo de impresión (parámetros de control).
  - Mantenimiento de las condiciones ambientales adecuadas.
  - Comprobación de los elementos gráficos del documento, formato, márgenes, marcas, registros, etc.
  - Preparación para pruebas de diseño y tiraje, etc.:

    - Secuenciación de impresión de los colores.
    - Obtención de densidades de cada tinta de color.
    - Nivelación de contraste.
    - Equilibrio cromático con la armonía de grises.
    - Control de ganancia de puntos (fenómeno visual de imagen oscurecida).

- **Control en el proceso:** el control en el proceso evalúa los principales parámetros que deben tenerse en cuenta durante todas las tareas que engloban el trabajo de impresión:

  - Variaciones del color y ausencia de secado.
  - Velocidades de la máquina.

◑ Ausencia de motas en las imágenes y ganancia de puntos.
◑ Densidad y espesor de la película de tinta transferida.
◑ Tratamientos, etc.

➲ **Control en la salida:** el control en la salida examina el resultado final obtenido a través de pruebas o muestras acordes a los requerimientos especificados en la orden de impresión.

Para dar apoyo a los controles de calidad, existen diversas **herramientas** que simplifican el examen y ofrecen resultados sencillos de interpretar. ¿Te apetece conocerlas?

Diagrama de flujo

Es un gráfico a través del cual es posible saber la dirección que sigue la información. Esta gráfica permite observar la planificación y organización de un proceso.

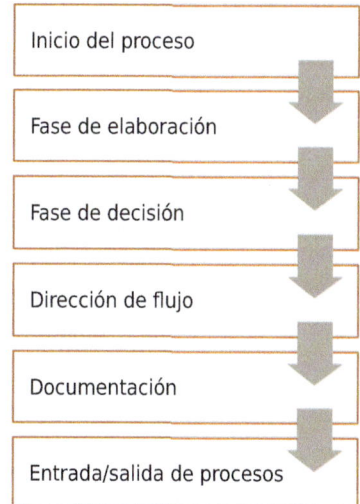

Gráficos de líneas

Es un gráfico lineal que permite ver los resultados a través dos sencillas coordenadas.

Representación de las horas trabajadas de una máquina en función de los meses del año

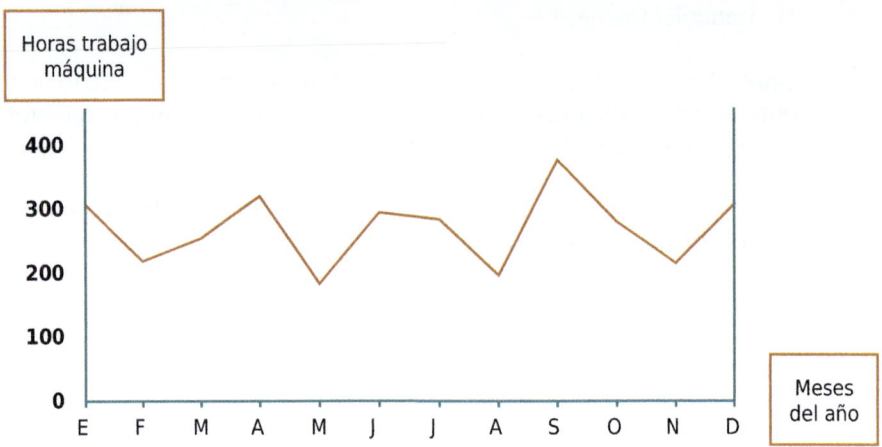

Gráfico de control de desviación

El gráfico de control de desviación es un gráfico de líneas al que se le incluyen valores correctos y valores de desviación del trabajo, pudiendo detectar visualmente cómo va desempeñándose la tarea.

Representación de las desviaciones del trabajo de una máquina en la que hay que prestar atención

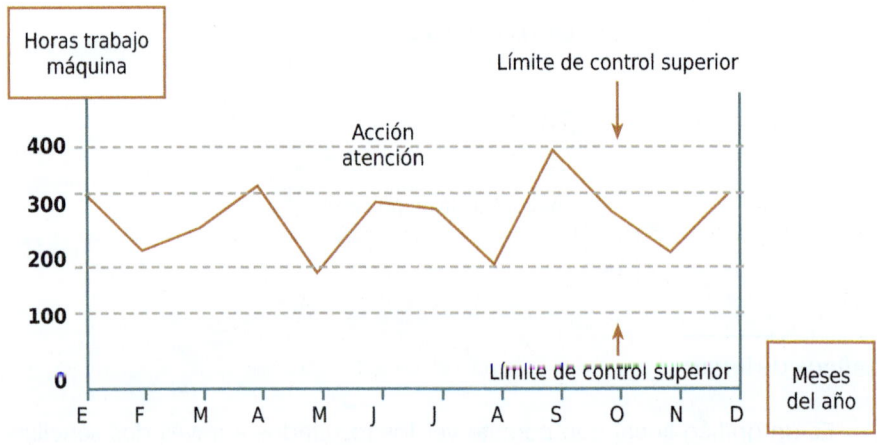

Gráfico de tarta

Es el típico gráfico circular que, a través de los quesitos que lo conforman, representa el porcentaje de tareas.

Representación gráfica del porcentaje de frecuencia de tareas de procesos de impresión

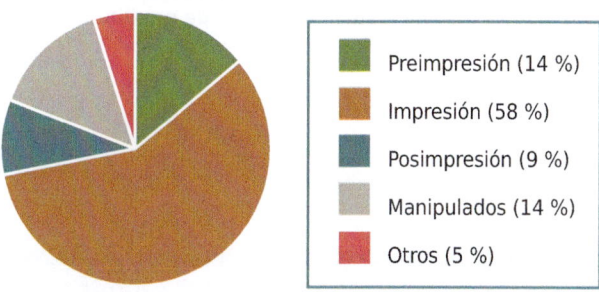

Diagrama de Pareto

Es una gráfica que permite detectar fácilmente los motivos más importantes y también los menos, que pueden causar un problema.

Diagrama Pareto N.º Reclamaciones empresa gráfica

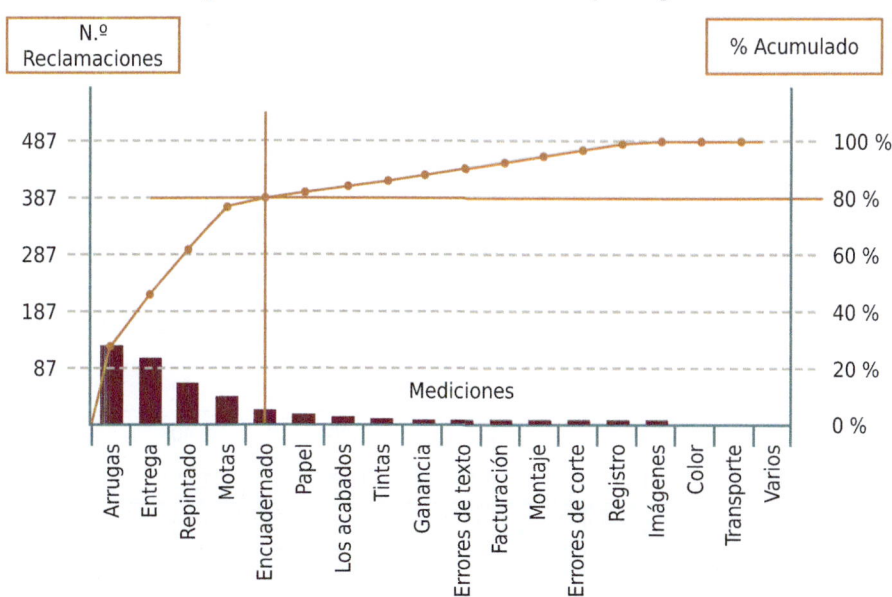

Diagrama causa-efecto

Este diagrama permite observar un problema de calidad en la solución en función de las múltiples variables que pueden determinar el problema o falta de calidad.

Representación del procedimiento de elaboración de un diagrama causa-efecto que puede desencadenar en la falta de equilibrio de colores

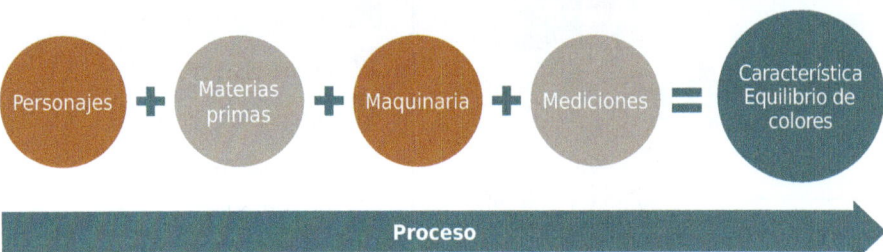

Histogramas

Tal y como indica su nombre, este tipo de gráfica representa un historial de repeticiones sucesivas que permite obtener una muestra a través de la tendencia principal.

Cian	Magenta	Amarillo	Negro
1,25	1,05	1,00	1,40
1,35	1,15	1,10	1,50
1,50	1,30	1,20	1,60
1,25	1,10	1,10	1,45
1,25	1,10	1,05	1,50
1,15	1,00	1,00	1,30
1,25	1,05	1,00	1,40
1,20	1,10	1,00	1,40
1,30	1,10	1,10	1,45
1,35	1,15	1,05	1,50
1,40	1,15	1,05	1,60

Intervalo	N.º Casos
< 1,20	1
1,20 - 1,25	5
1,30 - 1,35	3
> 1,35	2

5					
4					
3					
2					
1					
Frecuencia	Intervalo	< 1,20	1,20 - 1,25	1,30 - 1,35	> 1,35

Resultados obtenidos a través del histograma

APLICACIÓN PRÁCTICA

Carlota tiene cierta dificultad para saber interpretar en el desarrollo de un proyecto gráfico donde se han obtenido unos magníficos resultados qué herramienta de control le permitirá visualizar la distribución de tiempos que requirió cada tarea. Ella sabe que existen varios gráficos donde trasladar los datos y que incluso estos son automatizados. ¿Podrías nombrar el tipo de gráfico que cumpliría sin ninguna dificultad esta misión?

Solución

Con el gráfico de tarta se consigue obtener una visual mucho más precisa del porcentaje de distribución de tiempo desarrollado según la tarea (parámetros que habrá que configurar). En cambio, la misión del diagrama causa-efecto proporciona un tipo de información visual más ajustada al detectar un problema de calidad en función a las diferentes variables. El histograma, igualmente, no sería la herramienta adecuada, ya que su función es la de mostrar datos ocultos como resultados de mediciones y comparativas, que nada tienen que ver con mostrar el porcentaje de distribución como lo presenta el gráfico de tarta.

5.1. Marcas de control

El control de calidad también debe ejecutarse sobre el arte final. Como recordarás del contenido tratado en la unidad anterior, existe una terminología que se emplea en la preparación del archivo digital para que este sea llevado debidamente a la imprenta.

Aunque ya se explicó mediante un ejemplo cuáles eran los ajustes del diseño para obtener un resultado de calidad, es cierto que no todas las marcas entonces mostradas son necesarias para una impresión de calidad.

¿Qué marcas de control son las realmente útiles?

En el siguiente apartado podrás conocerlas.

5.2. Corte y plegado

Muchos de los materiales encargados requerirán no solo del corte, sino de marcas de plegado. El caso más común suele ser aquel relativo a trípticos, revistas, libros, etc.; no obstante, en un proyecto gráfico siempre son necesarios determinados tipos de marcas.

El arte final de un archivo digital listo para ser transmitido a la imprenta debe mostrar tres tipos de marcas:

- ➲ Marca de margen de seguridad.
- ➲ Marca de corte.
- ➲ Marca de sangría.

**Muestra de las marcas que deben ser incluidas
en el arte final**

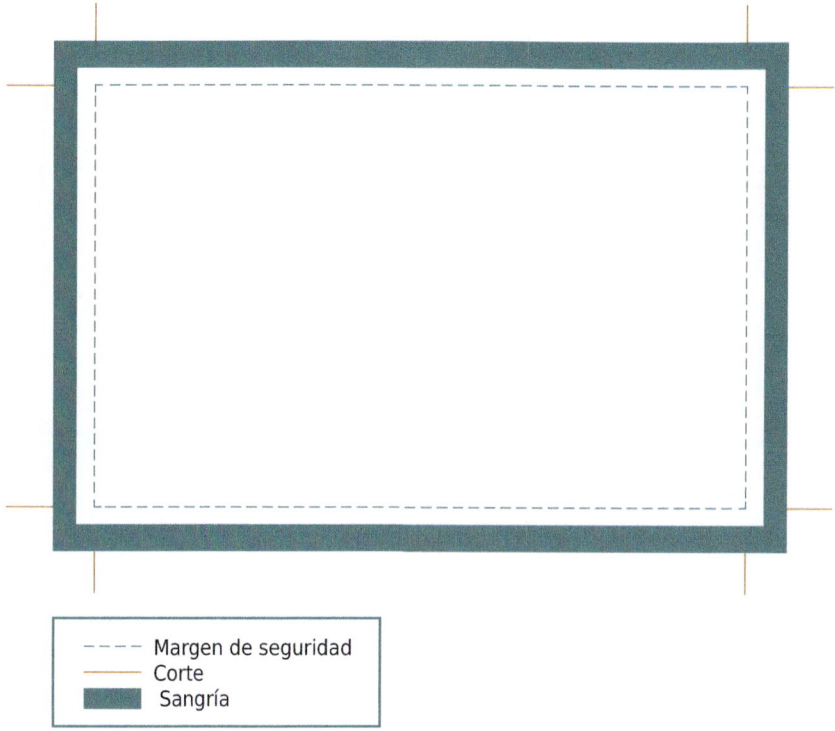

 Margen de seguridad
——— Corte
▓▓ Sangría

5.3. Testigo lateral / registro

Igualmente ya pudiste ver entonces las **marcas de registro** o **testigo lateral.** Ahora vas a saber qué utilidad tiene para la imprenta.

📢 RECUERDA

En la preparación del archivo para la imprenta debe mostrarse las marcas de registro, y en el caso de la impresión de una revista o libro, deben poder verse tanto en los elementos exteriores (portadas) como en sus páginas interiores.

Terminología básica empleada en la preparación de archivos para imprenta (arte final)-Interior (tripa)

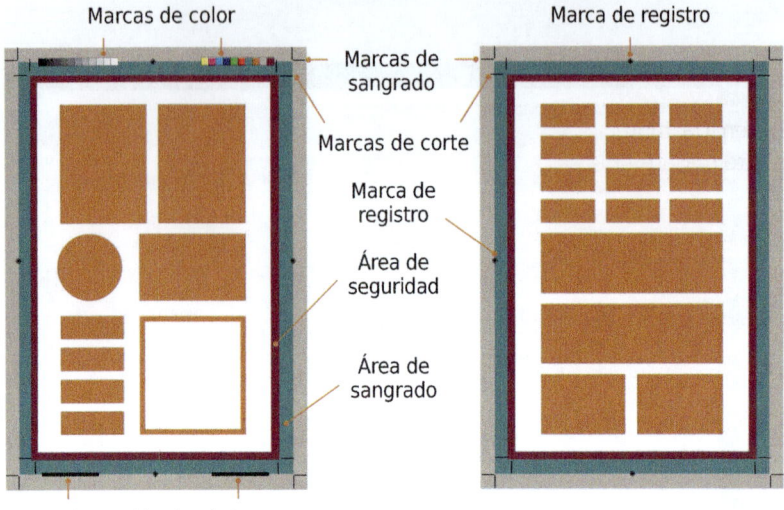

Marcas de color
Marca de registro
Marcas de sangrado
Marcas de corte
Marca de registro
Área de seguridad
Área de sangrado
Información de página

Muestra de marcado para impresión del interior de un libro

Terminología básica empleada en la preparación de archivos para imprenta (arte final)-Exterior (cubiertas)

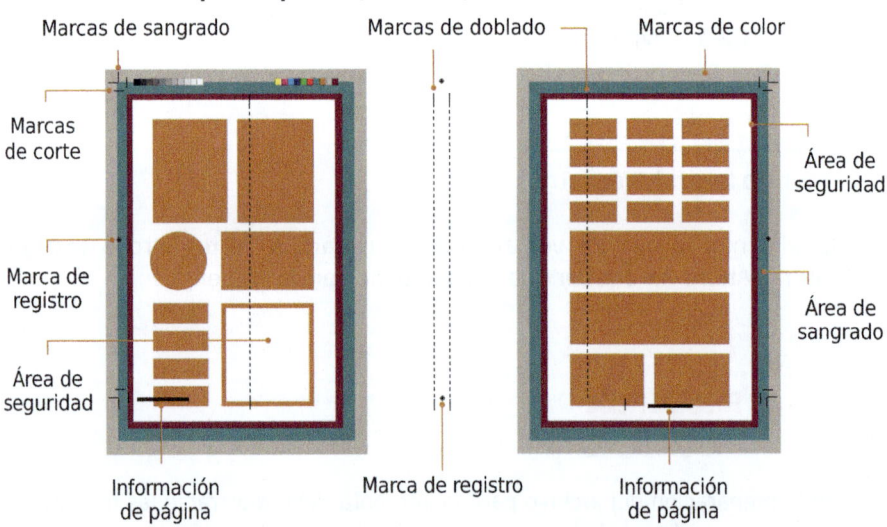

Marcas de sangrado
Marcas de doblado
Marcas de color
Marcas de corte
Marca de registro
Área de seguridad
Información de página
Marca de registro
Área de seguridad
Área de sangrado
Información de página

DEFINICIÓN

Marcas de registro
Sirven a la imprenta para poder ajustar las distintas pasadas de las tintas cuando existe más de un color.

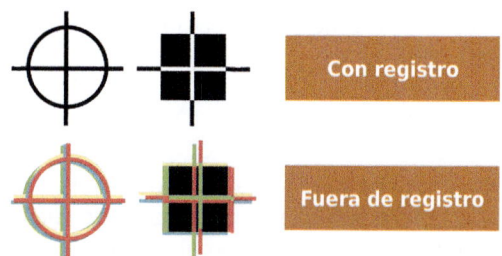

Diferencias entre trabajos en los que ha sido posible casar las tintas y otros que no cuentan con la marca de registro

5.4. Tiras de control

Seguro que habrás podido observar en el documento gráfico unas marcas de colores ordenadas en forma de tiras. Son las conocidas como **tiras de control** y sirven de guía en la impresión para controlar la calidad resultante.

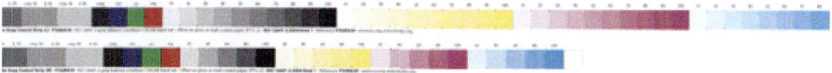

Las tiras de control suelen aparecer en áreas marginales del material, de tal manera que cuando quede este recortado no puedan apreciarse en el resultado.

6. Gestión y control del color

☞ HILO CONDUCTOR

En vista del interés que ha despertado la jornada formativa, José Luis no quiere pasar por alto una de las cuestiones más importantes relacionadas con la calidad en la impresión. La idea es que todos terminen por comprender cómo analizar y reconocer las medidas y parámetros de color tan utilizados en las artes de diseño gráfico.

El aseguramiento de la calidad del color debe pasar irremediablemente por la gestión y el control adecuado. Sin esta labor, sería realmente dificultoso poder reproducir fielmente en material impreso los colores durante todo el proceso desde su diseño hasta la solución final. Sin embargo, lo realmente complejo es cuando tratamos de reproducir fielmente el color en dispositivos distintos.

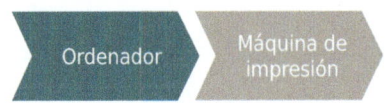

Como podrás imaginar, el **color** es un fenómeno visual que se percibe a través del sentido de la vista, y para poder comprenderlo sería necesario estudiar las características del sistema de visión humana tratándose de un mecanismo especialmente complejo.

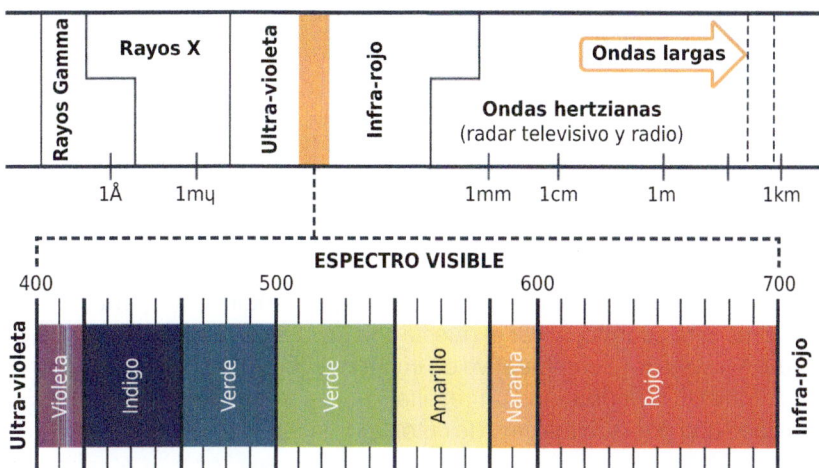

Registro del espectro electromagnético de la visión humana

RECUERDA

No olvides que la impresión digital se caracteriza por utilizar un modelo de color CMYK a través del cual es posible definir los filtros, siendo el negro la llave que facilita la corrección de los errores que pudieran ofrecer el resto de tintas durante la impresión.

6.1. Índice: medir el color

Pero seguro que te preguntarás cómo es posible gestionar y controlar el color. Ya viste en unidades anteriores algunos aparatos que hacen posible esta tarea; no obstante, a continuación profundizarás algo más en esta cuestión.

En primer lugar, y para poder reproducir los colores de manera fidedigna, es necesario saber interpretar la capacidad de la fuente de luz a través del reflejo incidiendo en los materiales analizados. Para poder hacer este estudio, previamente se necesita contar con un índice capaz de medir esta información por medio de una muestra evaluando la calidad del color y que permita clasificar los valores obtenidos. Este índice toma el nombre de **índice de reproducción cromática.**

 **DEFINICIÓN**

IRC (índice de reproducción cromática)
Es la medida que se usa para establecer una relación entre una fuente de luz y la capacidad del objeto de mostrar los colores.

Al seleccionar una muestra de referencia, el rendimiento perfecto de los colores será cuando, al ser expuesta a la luz del sol, ofrece un valor igual a 100. A través de la comparativa de imágenes con esta muestra incidiéndole luz artificial, obtendremos un resultado que, en valores aproximados al 0, implica una pobreza máxima de color.

Tabla de índice de reprodución cromática (CRI)

R1	Rojo grisáceo claro	
R2	Amarillo grisáceo oscuro	
R3	Verde amarillo intenso	
R4	Verde amarillento suave	
R5	Verde azulado claro	
R6	Azul claro	
R7	Violeta claro	
R8	Morado rojizo claro	
R9	Rojo intenso	
R10	Amarillo intenso	

Continúa en página siguiente >>

<< Viene de página anterior

Tabla de índice de reprodución cromática (CRI)

R11	Verde intenso	
R12	Azul intenso	
R13	Rosa amarillento claro	
R14	Verde oliva suave	

NOTA

En la medición del color, los valores obtenidos a través de las muestras de color se categorizan en:

- Valor superior a 85 = **óptimo.**
- Valor entre 70 y 85 = **bueno.**
- Valor entre 50 y 70 = **aceptable.**

PARA SABER MÁS

El artículo sobre el índice de reproducción cromática de Smartlight, explica aspectos curiosos relacionados con el IRC y la medición de color. Puedes acceder al mismo a través del siguiente enlace:

https://redirectoronline.com/argi006po0602

6.2. Colorimetría

Es evidente que, en la industria del diseño gráfico, y en especial las aplicaciones comerciales a nivel empresarial, el buen manejo y gestión del color no debe enfocarse únicamente a la obtención de una reproducción fiel del original. También es muy importante utilizar los colores para despertar emociones y sensaciones gratas a quienes va dirigida la creación. Para ello es necesario conocer las técnicas de la **colorimetría.**

 **DEFINICIÓN**

Colorimetría
Es la ciencia que estudia, analiza y desarrolla el color en función de unos valores o datos numéricos asignados, permitiendo establecer una medida de colores que deriva en la aparición de métodos para cuantificar el color según el resultado que se desea obtener.

La gran influencia que tiene el color en la obtención de resultados, a tenor de los objetivos propuestos y en relación a las sensaciones que transmiten, hace necesario que en el diseño gráfico se cuente con el dominio suficiente en la combinación de colores, de tal manera que, para seleccionarlos, el juicio de valor esté totalmente condicionado por las técnicas de la colorimetría.

6.3. Medir el color

¿Cómo se mide el color? Para darte respuesta a esta cuestión tienes que saber que la definición del color está fundamentada en tres parámetros diferentes:

La luminancia
- La luminancia (L) es la medición de la intensidad de la radiación:
- Claro = el color tiene mucho brillo.
- Oscuro = el color tiene poco brillo.

La longitud de onda predominante
- Corresponde a la medición de la longitud de la onda o radiación del color predominante.

La pureza
- Corresponde a la medición de la dilución del color sobre blanco, lo que se denomina saturación (mezcla de rojo + blanco; azul + blanco, etc.).

Por tanto, las técnicas colorimétricas que permiten medir el color están fundamentadas en la medida de absorción de radiación por sustancias coloreadas.

6.4. Coordenadas Lab

Gracias al instrumento llamado **colorímetro,** es posible medir e identificar los colores de una forma incondicional, ya que es un aparato que simula fielmente la visión del ojo humano. Pero es el modelo cromático Lab el que se utiliza para describir los colores perceptibles por el ojo humano.

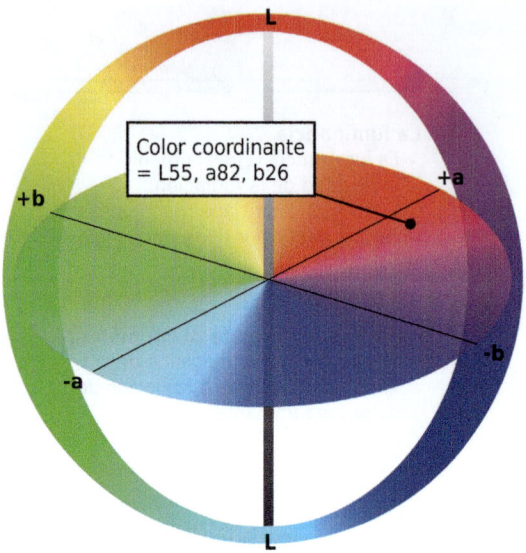

Representación tridimensional de las coordenadas Lab

IMPORTANTE

Las **coordenadas Lab** sirven para definir el modelo matemático que da forma a un sistema de referencia del color, y que nace con la intención de proporcionar coherencia entre otros modelos de color. Se utiliza, por ejemplo, para trasladar la información cromática de un sistema RGB a uno CMYK, permitiendo reproducir fielmente los colores originales.

PARA SABER MÁS

Para profundizar en esta temática tan interesante, te invitamos a que te descargues y leas la siguiente información:

Continúa en página siguiente ▸ ▸

<< Viene de página anterior

https://redirectoronline.com/argi006po0604

6.5. Densidad

Uno de los elementos principales que maneja una imprenta es la llamada **densidad.** Con el densitómetro es posible medir la densidad de las imágenes, es decir, permite calcular la cantidad de luz que atraviesa una película de color.

Esto es importante, ya que es una herramienta de control que hace posible la **calibración de la máquina** garantizando que el resultado obtenga la calidad esperada.

Densitómetro
- El densitómetro es un aparato que mide la densidad de la luz que incide en la superficie de un objeto o documento impreso, para así entender cómo el color (luz) es absorbido dependiendo del espesor de las tintas y la pigmentación. Esto es posible gracias a una comparativa entre la luz reflejada con la luz que se incide en el objeto.

IMPORTANTE

La imprenta necesita medir la densidad de las tintas a fin de poder calibrar la cantidad que debe inyectar pudiéndola aumentar o disminuir en función de los indicadores del densitómetro, permitiendo controlar la impresión independientemente de la apreciación subjetiva del operario por las condiciones de luminosidad del espacio físico donde se están realizando las labores de impresión.

PARA SABER MÁS

Si quieres ver un ejemplo de cómo ajustar el balance de densidad de una máquina de impresión haciendo uso de un colorímetro, accede al siguiente enlace y lee detenidamente el siguiente manual.

https://redirectoronline.com/argi006po0605

6.6. Temperatura de color

Otra cuestión importante relacionada con el control de calidad, sobre todo cuando los colores son identificados bajo una iluminación particular, es que estos varían en el instante en que están sometidos a otra condición de luminosidad diferente: se trata del **cambio de tonalidad.**

Con la luz neutra (5.000 K) es posible mantener la realidad cromática de la imagen. En función de la temperatura de la luz, variará la tonalidad acercándose a tonos azules cuando aumenta la temperatura y acercándose a tonos amarillentos cuando la temperatura se encuentra por debajo de la luz neutra.

Fíjate en la imagen siguiente. En ella verás cómo la temperatura de la luz modifica la realidad cromática de la imagen.

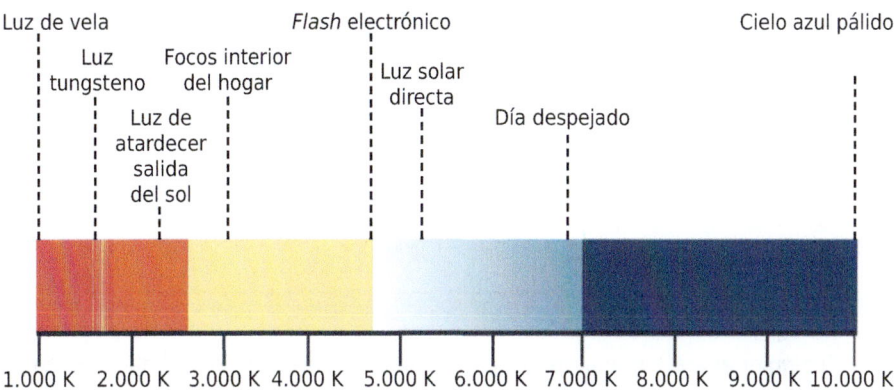

Escala de temperatura de la luz en función al efecto de diversas fuentes luminosas

6.7. Iluminante

Tal y como pudiste apreciar en la última imagen mostrada, existen gran diversidad de **fuentes luminosas.** Igualmente, se ha conseguido plasmar en una tabla virtual un estándar de iluminantes para ser usados como descripciones del color.

Los estándares CIE de iluminantes son tablas compuestas por números utilizados por los diferentes instrumentos de medición del color, permitiendo identificar valores de color para describir un color de un documento bajo fuentes luminosas (iluminantes) específicas.

⊕ PARA SABER MÁS

Si quieres tener a tu alcance un manual que te permita conocer en profundidad aquellos aspectos que inciden en la calidad del color, te invitamos a que hagas uso de la siguiente guía como recurso para la gestión y control del color. Accede a través del siguiente enlace:

Continúa en página siguiente >>

<< Viene de página anterior

https://redirectoronline.com/argi006po0606

 IMPORTANTE

Cualquier aparato que proporcione una medición para el control de calidad en la impresión deberá tener un punto de referencia estándar que permita realizar las comprobaciones mediante comparativas.

En función de los aparatos utilizados en la impresión, se usarán los siguientes estándares:

- Para calibración de escáneres: GATF, FOGRA.
- Para calibración de pantallas, pruebas e impresos: DIGITEST.
- Para planchas: UGRA.
- Para impresos: FOGRA, GATF, BRUNNER.
- Para calibración de sistemas de color: ICC, FOGRA, GATF.

TAREA 6

Sonia ha recibido en su estudio de impresión un USB que contiene un archivo de un diseño gráfico creado por un compañero al que ella tiene cierta admiración. Este compañero cuenta con larga experiencia y ha tenido varios reconocimientos en el ámbito del diseño. Sonia está encantada de poder reproducir la creación en un sustrato de papel con cierto grosor.

Antes de iniciar el trabajo de impresión, conecta el dispositivo a su ordenador y aprecia que la imagen es poco nítida y presenta más oscuridad de la esperada.

Continúa en página siguiente >>

<< Viene de página anterior

Le resulta extraño que el documento no presente una buena calidad, por lo que, antes de comunicar el estado del archivo, decide realizar algunos controles de calidad. ¿Qué orientaciones podrías darle a Sonia para descubrir alguna posible razón fácil de solucionar y evitar poner en duda el trabajo del experto?

Basándote en estos datos, indica algún método de control de calidad que pueda aplicar Sonia, para que la impresión digital alcance los objetivos de calidad propuestos.

7. Resumen

Abordar los diferentes controles de calidad de un proyecto gráfico ajustado a un sistema de impresión digital implica saber definir qué se entiende por impresión de calidad.

También requiere del manejo de herramientas que facilitan el control de los procesos y su comprensión, ya sea en la etapa de recepción del documento, en el momento de la impresión o bien con el análisis y examen del producto gráfico finalmente obtenido.

En función de unas reglas estandarizadas que recogen los parámetros para una impresión digital de calidad, es posible conocer los requisitos de aplicaciones y procesos de cara a mantener una política de calidad constante durante el desarrollo del proyecto gráfico.

Alcanzar una calidad constante en las impresiones independientemente de la tecnología de impresión digital elegida.

Continúa en página siguiente >>

<< Viene de página anterior

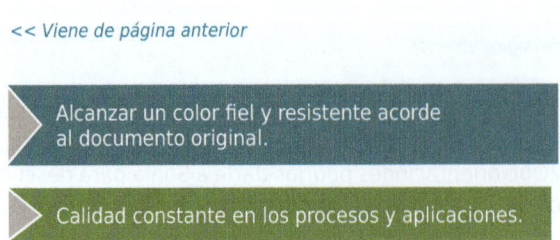

Para dar apoyo a los controles de calidad, existen diversas herramientas que simplifican el examen de calidad y ofrecen resultados sencillos de interpretar.

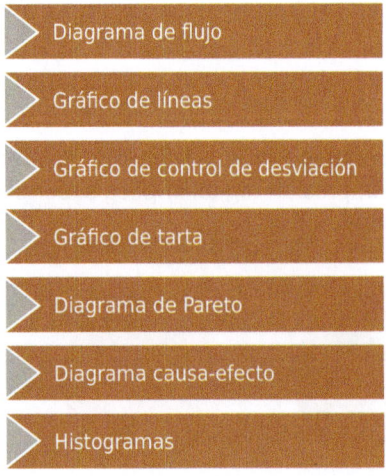

Pero uno de los grandes retos a los que se enfrenta un proyecto gráfico para poder ofrecer una calidad sostenida es el de poder reproducir fielmente el color en dispositivos distintos. Para la gestión del color también existen recursos como:

Ejercicios de autoevaluación
Unidad de Aprendizaje 6

1. Indica si las siguientes afirmaciones son verdaderas o falsas:

a. A nivel empresarial, el proyecto gráfico comienza con una fase creativa con la intención de obtener un resultado final, que cubra los objetivos estratégicos y comerciales de una marca a fin de llegar más fácilmente a un público objetivo.

   ■ Verdadero
   ■ Falso

b. La impresión digital proporciona la versatilidad que los negocios necesitan para llevar a cabo estas estrategias comerciales y, además, las tecnologías utilizadas no requieren de ningún tipo de control de calidad.

   ■ Verdadero
   ■ Falso

c. El control de calidad es el conjunto de aplicaciones, procesos, técnicas y tecnologías dadas en las fases de preimpresión, impresión y posimpresión, que permiten garantizar que un producto gráfico final cuente con las precisiones técnicas necesarias.

   ■ Verdadero
   ■ Falso

2. La calidad de impresión digital estandarizada debe ser capaz de...

a. ... alcanzar una calidad constante en las impresiones independientemente de la tecnología de impresión digital elegida.
b. ... alcanzar un color fiel y resistente acorde al documento original.
c. ... alcanzar una calidad constante en los procesos y aplicaciones.
d. Todas las opciones son correctas.

3. El control de calidad debe poder ser ejecutado en:

    a. La fase de recepción del documento.
    b. La fase del proceso de impresión que engloba múltiples tareas.
    c. La fase de salida del producto final.
    d. Todas las opciones son correctas.

4. La herramienta de control que consiste en un gráfico a través del cual es posible saber la dirección que sigue la información y permite observar la planificación y organización de un proceso de impresión, se denomina:

    a. Diagrama de flujo.
    b. Gráfico de líneas.
    c. Gráfico de tarta.
    d. Diagrama causa-efecto.

5. El diagrama de Pareto es aquel que...

    a. ... representa desviaciones del trabajo, pudiendo detectar visualmente cómo va desempeñándose la tarea de impresión digital.
    b. ... permite representar cómo se conforma el porcentaje de tareas de un proyecto de impresión digital.
    c. ... permite detectar fácilmente los motivos más importantes y también los menos, que pueden causar un problema durante una impresión digital.
    d. Todas las opciones son incorrectas.

6. El arte final de un archivo digital listo para ser transmitido a la imprenta debe mostrar siempre tres tipos de marcas; estas son:

    a. Margen de seguridad, marca de corte y sangría.
    b. Margen de seguridad, información de la página y sangría.
    c. Marca de corte, marca de registro y marca de color.
    d. Todas las opciones son incorrectas.

7. **Las marcas que sirven a la imprenta para poder ajustar las distintas pasadas de las tintas cuando existe más de un color, se denomina:**

    a. Marca de registro.
    b. Marca de sangría.
    c. Marca de corte.
    d. Marca de agua.

8. **Las marcas que sirven de guía en la impresión para controlar la calidad resultante y que suelen aparecer en áreas marginales del material, se denominan:**

    a. Tiras de color.
    b. Tiras de control.
    c. Tiras de sangría.
    d. Tiras continuas.

9. **¿Qué modelo matemático es el que da forma a un sistema de referencia del color, y que nace con la intención de proporcionar coherencia entre otros modelos de color diferentes?**

    a. La colorimetría.
    b. Las coordenadas LAB.
    c. El índice de reproducción cromática.
    d. Todas las opciones son incorrectas.

10. **¿Qué parámetros se tienen en cuenta para medir el color?**

    a. La luminancia y la pureza.
    b. La luminancia, la pureza y la claridad.
    c. La luminancia, la longitud de onda predominante y la pureza.
    d. La luminancia, la claridad y la longitud de onda predominante.

Seguridad y medioambiente

Contenido

Objetivos

El objetivo general de esta Unidad de Aprendizaje es:

→ Analizar las medidas de seguridad de las instalaciones y de los dispositivos de protección incluidos en los planes de seguridad en la industria gráfica, además del compromiso de las artes gráficas para la protección al medioambiente.

Los objetivos específicos de esta Unidad de Aprendizaje son:

→ Conocer dispositivos y medidas de seguridad en el ámbito de las artes gráficas.

→ Saber cómo actuar ante un accidente laboral.

1. Introducción

El sector de las **artes gráficas** no es una industria exenta de riesgos, ya que el proceso productivo está fundamentado en el uso de **maquinaria** y **materiales** que pueden causar graves problemas de seguridad si no se toman las medidas de protección adecuadas.

También, este sector debe ser consciente de los riesgos a los que está sometido el **medioambiente** por el mal uso y manipulación de elementos necesarios para la impresión.

Por todo ello, en esta última unidad conocerás aquellos aspectos relacionados con la salud laboral y la protección, y por supuesto las medidas que deben ser aplicadas de forma correcta para evitar daños personales y daños a la naturaleza.

Para ello, nos seguiremos basando en el entorno cocreativo que José Luis está utilizando para la realización de talleres orientados a la formación y aprendizaje en el manejo de técnicas de impresión digital y diseño gráfico.

2. Dispositivos de seguridad de emergencia

☞ HILO CONDUCTOR

Hasta ahora José Luis solo se ha preocupado por transmitir y ayudar a todos los participantes a estos eventos en que conozcan con todo detalle el fascinante mundo de la impresión digital desde una perspectiva creativa. Pero José Luis es consciente de la necesidad de orientar al alumnado sobre la importancia de contar con medidas de seguridad para evitar que ocurran accidentes.

- -

En el mundo de las artes gráficas, tal y como puede ocurrir en cualquier sector industrial, deben existir medidas de seguridad preventiva a fin de poner a salvaguarda la salud de los operarios que manejan maquinaria, instrumentos y materiales a diario durante el desarrollo de su labor profesional.

Tienes que saber que cualquier dispositivo de protección personal será necesario, pero que también deberán dotarse de medios técnicos a nivel organizacional como medida de protección colectiva.

La política de prevención de riesgos laborales de la empresa debe velar por la integridad física y la salud de todos los trabajadores, incluidos los empresarios, en el desarrollo de su actividad, dotando de todos los mecanismos necesarios para que la protección sea efectiva.
Riesgo -> causa -> medida preventiva

NOTA

Los riesgos pueden ser muy diversos, como por ejemplo la inhalación de vapores originados por el uso de productos químicos, para lo que, en este caso, deben tomarse como medidas preventivas:

- Contar con conocimientos sobre la composición de productos químicos manipulados. Saber calcular los niveles de emisión y concentraciones de elementos tóxicos en el entorno.
- Exigir toda la información posible a los fabricantes de tintas, solventes y resto de materiales.
- Dotar al espacio de una ventilación correcta y dispositivos extractores de gases y vapores, etc.

Pero existen otros riesgos inherentes a la maquinaria y elementos utilizados que pueden provocar accidentes, como **atrapamientos, golpes, caídas, quemaduras, cortes o explosiones,** que requieren de dispositivos de seguridad a fin de evitar en la medida de lo posible que el entorno sea inseguro.

 **EJEMPLO**

Martín se encuentra cerca de una gran máquina de impresión y, por una distracción, su mano acaba atrapada entre los grandes rodillos. Ante la situación, y por el nerviosismo, trata con la otra mano de ayudarse para librarse del mecanismo. Sin embargo, solo consigue empeorar la situación... ¿Qué medida preventiva hubiera evitado un problema de esta categoría?

Continúa en página siguiente >>

<< Viene de página anterior

A través de un sistema de detección del trabajador, podrá advertir a la máquina de manera automatizada que un operario está cerca del área de peligro, pudiendo incluso paralizar el trabajo. También el operario puede ser advertido a través de una señal luminosa que le advierta del inminente peligro y desista de su tentativa.

IMPORTANTE

En la industria gráfica es importante dotar al entorno de dispositivos de seguridad tales como el uso de barreras que impidan el paso, sistemas de detección, mecanismos de protección de máquinas de corte, sistemas de protección personal (gafas, guantes, mascarillas, pantallas, calzados adecuados, etc.).

ACTIVIDAD COMPLEMENTARIA

7. Manuel es operario de la imprenta y, por desgracia, en su primer mes de trabajo, ha sufrido un desagradable incidente que casi le obliga a cesar en su actividad por un largo periodo de tiempo. Debido al uso de colas de pegado y por un despiste, no usó la máscara de protección y ha estado expuesto a contaminantes químicos que le han ocasionado un fuerte picor. Desgraciadamente el problema ha ido a más y ha requerido un tratamiento médico que le ayude a mejorar.

   Según lo expuesto, ¿podrías indicar qué tipo de dispositivo de seguridad podría haber evitado este suceso?

---

3. Zona de peligro y etiquetas de advertencia

 **HILO CONDUCTOR**

José Luis ha comenzado por explicar algunos de los dispositivos de seguridad con los que debe contar un entorno como el propio Fab Lab. Uno a uno va explicando los elementos y etiquetas de seguridad, que sin duda advierten al personal de los riesgos y peligros.

No existe mejor medida de seguridad que la **prevención.** Difícilmente se podrá prever aquello que no se conoce. Por este motivo, un centro de impresión debe poner los medios físicos y operativos para advertir de la presencia de un peligro.

✎ **DEFINICIÓN**

Prevención
Es un concepto que agrupa un conjunto de acciones y medidas, con el objetivo de disminuir o evitar riesgos y peligros derivados de trabajos y actividades.

No olvides que cualquier medida preventiva debe ser coherente con el **medioambiente.**

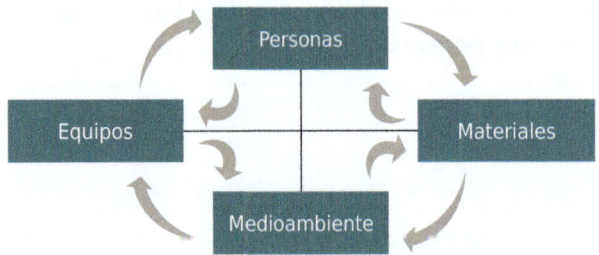

Para abordar en un centro de trabajo técnicas preventivas en seguridad laboral, higiene industrial, ergonomía, psicosociología y la vigilancia para la salud, es necesario contar con la prevención de riesgos laborales, que engloban todas las técnicas para afrontar situaciones de riesgos y su prevención. No obstante, existen unas medidas de protección colectivas, de equipos e instalaciones que permiten establecer una relación normalizada entre las personas, el entorno y las máquinas.

La señalización en el entorno de una actividad, como la realizada en una imprenta digital, proporciona información de seguridad e indica una advertencia, un peligro o una obligación.

IMPORTANTE

Las señalizaciones de las zonas de peligro cuentan con un lenguaje universal, diferenciándose fácilmente aquellas señales de advertencia, de prohibición, de obligación, de socorro o salvamento, sobre incendios, riesgos de caída, golpes y choques, etc. En la siguiente guía podrás aprender a distinguir cada una de ellas. Consúltala a través del siguiente enlace:

https://redirectoronline.com/argi006po0701

APLICACIÓN PRÁCTICA

Martina tiene que comprobar que las señalizaciones de seguridad e higiene en el taller de impresión estén debidamente ubicadas. En la zona de almacenaje, donde se encuentran los contenedores de tintas,

Continúa en página siguiente >>

<< Viene de página anterior

no existe señal alguna y Martina quiere asegurarse de que en ella esté presente la señalización adecuada. ¿Podrías indicarle qué tipo de señalización debe figurar en esa área de trabajo?

Solución

Se advertirá mediante señales en forma triangular con bordes negros sobre fondo amarillo de que existe la presencia de material inflamable. Aunque el manipulado y tratamiento de este tipo de producto requiere de unas obligaciones, la señal que se deberá mostrar será una señal de advertencia.

---

4. Manipulación de tintas y solventes

☞ HILO CONDUCTOR

Está resultando muy interesante la charla que José Luis está ofreciendo sobre la seguridad en el entorno, pues a veces pasa inadvertida la peligrosidad tóxica a la que se está sometido cuando se manipulan tintas, disolventes y otros productos químicos.

Las tintas deben presentar un **etiquetado** que ayude a su correcta manipulación. Su alto grado de toxicidad en muchas de ellas hace necesario la presencia obligatoria de estas marcas. En la siguiente imagen puedes observar qué debe mostrar una etiqueta de tintas o solventes.

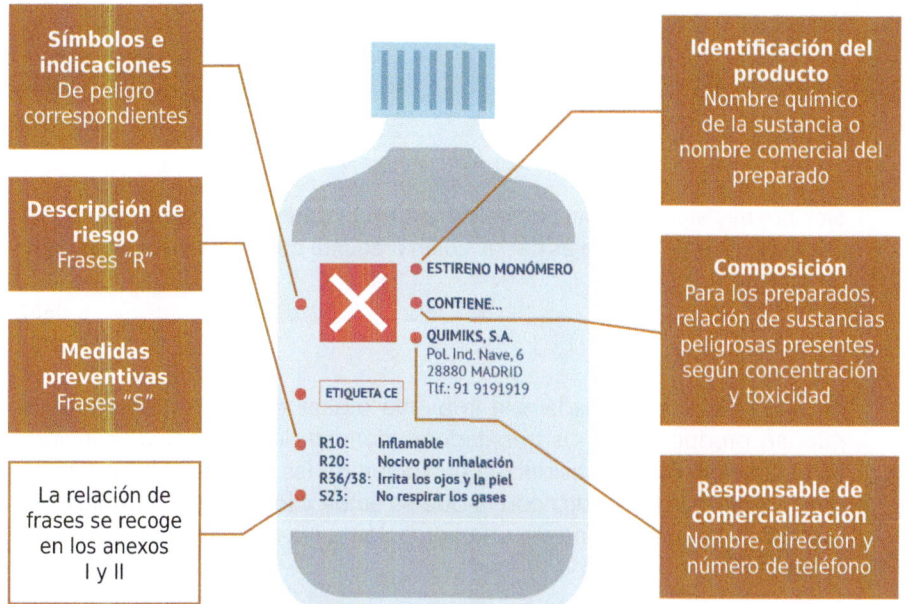

El Real Decreto 485/1997 establece el etiquetado de productos no solo para su uso comercial, sino también para el manejo en cualquier entorno laboral.

 **PARA SABER MÁS**

Podrás profundizar en las observaciones que aparecen en el etiquetado de la imagen mostrada en un excelente documento de la Consejería de Educación, Formación y Empleo de la Región de Murcia. Podrás acceder a través del siguiente enlace:

https://redirectoronline.com/argi006po0702

5. Primeros auxilios

☞ HILO CONDUCTOR

Siempre hay algún alumno que muestra mayor interés por el tema que se está tratando. En esta ocasión es Carlos quien pregunta qué hacer en caso de sufrir un accidente.

En una empresa dedicada a la imprenta digital, donde las lesiones que puedan producirse en los trabajadores derivan de accidentes acaecidos en el ejercicio de su actividad, la evolución de las lesiones dependerá en gran medida de la rapidez con la que se actúe y los primeros auxilios realizados. Deberá procederse a una actuación cuya secuencia de acción es la siguiente:

Proteger
- Ante cualquier accidente, lo primero que hay que hacer es proteger al accidentado ante la situación presentada, evitando que él y nosotros quedemos expuestos ante el peligro.

Avisar
- Dar aviso inmediato a los servicios médicos, de emergencia o asistenciales.

Socorrer
- Será el tercer paso tras la protección y el aviso. Una vez que estemos en zona segura, hay que asegurarse de que el accidentado:
  - 1. Tiene conciencia.
  - 2. Respira con normalidad.
  - 3. Tiene pulso.
- Hay que tratar de recopilar toda la información del accidentado y del siniestro para ser capaces de informar y responder a los servicios de urgencia.

SABÍAS QUE...

La normativa de prevención de riesgos laborares (Ley 31/95, de 8 de noviembre) estipula como obligación del empresario el tratamiento y evaluación de posibles situaciones de emergencia acontecidas en el centro de trabajo y a la adopción de medidas de primeros auxilios.

6. Evacuación de residuos

 HILO CONDUCTOR

Pero José Luis también trata detenidamente qué puede hacer el sector de las artes gráficas para contaminar lo menos posible y minorizar el impacto de los residuos en el medioambiente. No hay que olvidar que José Luis es profesor y este espacio Fab Lab está ubicado en un centro educativo.

No menos importante es el tratamiento de residuos que esta actividad genera. Sin duda alguna, debe existir un compromiso con el desarrollo sostenible y el cuidado del planeta.

Para ello, los negocios dedicados al sector de la impresión deben realizar un gran esfuerzo para tratar de disminuir al máximo el impacto en el medioambiente ocasionado por los residuos. Para ello, es vital poner en marcha políticas de calidad que incluyan la protección del medioambiente.

Para gestionar todo esto adecuadamente, las artes gráficas disponen de las **normas ISO 14001,** que servirán de reglas de actuación promoviendo la gestión del medioambiente. También es posible la obtención de **certificaciones (FSC),** que demostrarían que el negocio es un promotor activo en la protección de la naturaleza y el entorno que lo rodea.

Ejemplo de empresa gráfica que ha obtenido la certificación FSC y cumple con la normativa ISO 14001

NOTA

Son muchas las acciones locales que pueden implementarse en los negocios de impresión digital para la protección del planeta; un ejemplo de ello es el uso de **papeles ecológicos.**

- -

7. Seguridad del sistema UV

☞ HILO CONDUCTOR

Tras la jornada de hoy, todos los participantes salen con un nivel de conciencia mayor, no solo en la prevención de accidentes, sino también en la protección del medioambiente. José Luis se despide de todo su alumnado, emplazándoles a una próxima reunión, donde tratarán temas tan importantes como propuestas de acciones locales para proteger el medioambiente.

- -

Antes de finalizar, hay que hacer mención especial al sistema de seguridad con el que debe contar un sistema de curado UV.

Como recordarás, estos sistemas aportan grandes novedades a la impresión digital, ya que emplean procesos que hacen posible que el uso de tintas y barnices tengan un secado rápido.

Esta circunstancia puede ocasionar ciertos peligros para la salud y para el medioambiente:

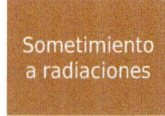

Para tratar de evitar estos problemas, es imprescindible instalar sistemas de extracción y enfriamiento conectados a las lámparas de secado. Esto evitaría que las moléculas esparcidas liberen un átomo que posee una acción oxidante extremadamente fuerte.

 NOTA

Aún queda mucho por hacer, pero no hay que esperar a que nazcan soluciones globales, ya que es posible, a través de la concienciación, poner remedios locales que al menos no agraven la situación medioambiental.

 TAREA 7

Gustavo acude a auxiliar a su compañero que desgraciadamente acaba de sufrir un siniestro debido a una explosión. La situación con la que se encuentra es bastante desagradable, pero teme incluso que pueda empeorar. Cuando consigue llegar al accidentado, este le indica que ha explotado la batería de su móvil; no quedaba ningún enchufe libre en la sala de descanso y decidió conectarlo en el almacén donde se encuentran los disolventes y tintes.

Continúa en página siguiente >>

<< Viene de página anterior

Basándote en esta información, ¿podrías indicarle a Gustavo cómo actuar ante el accidente laboral y en qué medida de seguridad debió fijarse el accidentado antes de provocar esa situación tan poco deseada?

8. Resumen

Cualquier empresa o negocio enfocado al arte gráfico o la impresión requiere de dispositivos de seguridad de emergencia, a fin de evitar o disminuir los riesgos que pongan en peligro la salud del personal y daños al medioambiente.

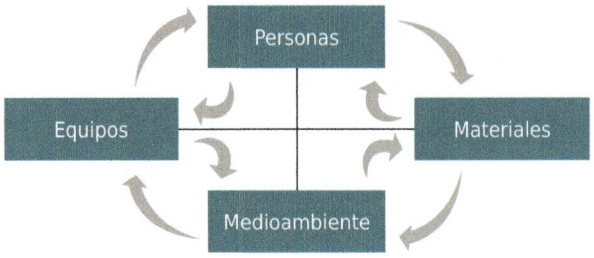

Aunque la prevención sea siempre la mejor medida de la que pueda proveerse el entorno de la impresión, también es necesaria y obligada la señalización en las áreas de trabajo.

Asimismo, deberá exigirse el correcto etiquetado de los productos y materiales utilizados. Esta exigencia no solo será para el uso comercial, sino también para el manejo en cualquier entorno laboral.

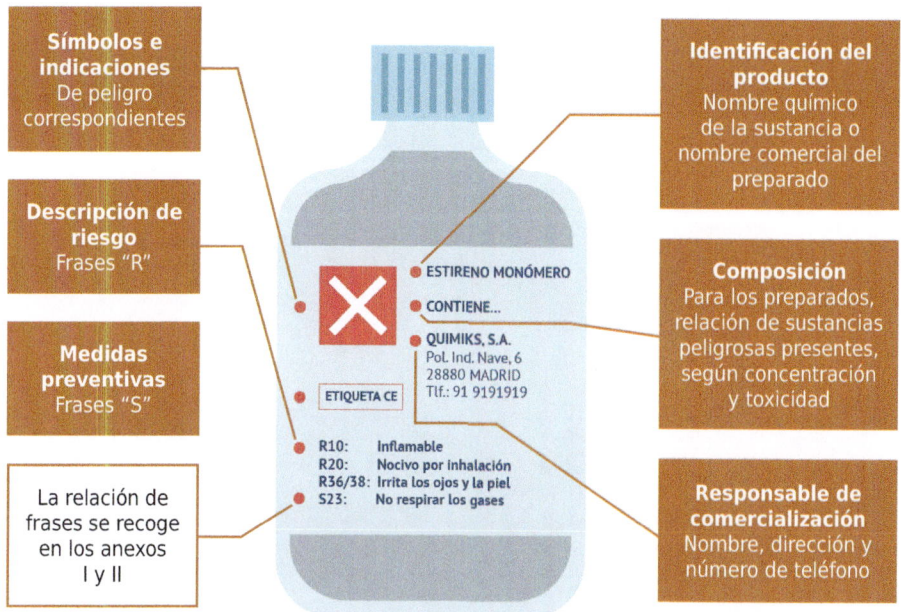

Símbolos e indicaciones
De peligro correspondientes

Descripción de riesgo
Frases "R"

Medidas preventivas
Frases "S"

La relación de frases se recoge en los anexos I y II

Identificación del producto
Nombre químico de la sustancia o nombre comercial del preparado

Composición
Para los preparados, relación de sustancias peligrosas presentes, según concentración y toxicidad

Responsable de comercialización
Nombre, dirección y número de teléfono

ESTIRENO MONÓMERO

CONTIENE...

QUIMIKS, S.A.
Pol. Ind. Nave, 6
28880 MADRID
Tlf.: 91 9191919

ETIQUETA CE

R10:	Inflamable
R20:	Nocivo por inhalación
R36/38:	Irrita los ojos y la piel
S23:	No respirar los gases

Y en caso de presenciar algún siniestro, deberá auxiliarse al accidentado siempre cumpliendo los mismos pasos:

Ejercicios de autoevaluación
Unidad de Aprendizaje 7

1. Indica si las siguientes afirmaciones son verdaderas o falsas:

  a. El sector de las artes gráficas es una industria exenta de riesgos.

   - ■ Verdadero
   - ■ Falso

  b. En el sector de las artes gráficas, deben existir medidas de seguridad preventiva a fin de poner a salvaguarda la salud de los operarios que manejan maquinaria, instrumentos y materiales a diario durante el desarrollo de su labor profesional.

   - ■ Verdadero
   - ■ Falso

  c. Como medidas de protección en una imprenta, son suficientes aquellas relacionadas con los dispositivos de protección personal.

   - ■ Verdadero
   - ■ Falso

2. Una política de prevención de riesgos debe ser elaborada en función...

  a. ... del riesgo y de la causa que lo origina.
  b. ... del riesgo, de la causa y la medida de prevención.
  c. ... de la causa que origina el riesgo y la medida de prevención.
  d. Todas las opciones son incorrectas.

3. Un dispositivo de seguridad es:

  a. Un certificado de cumplimiento de normas por parte de la empresa.
  b. Un móvil para hacer llamadas.
  c. Una barrera que impida el paso a un área determinada.
  d. Todas las opciones son incorrectas.

4. La mejor medida de seguridad con la que una imprenta puede contar es:

    a. La prevención.
    b. Trabajar con materiales no inflamables.
    c. Trabajar con maquinaria no cortante.
    d. Todas las opciones son correctas.

5. La señalización en el entorno de una actividad, como las realizadas en una imprenta digital, proporciona...

    a. ... información de seguridad e indica una advertencia, un peligro o una obligación.
    b. ... información de seguridad e indica un peligro o una obligación.
    c. ... información de seguridad e indica una advertencia o una obligación.
    d. ... información de seguridad e indica una advertencia o un peligro.

6. La norma que rige el etiquetado de productos no solo para su uso comercial, sino también para el manejo en cualquier entorno laboral, es:

    a. R. D. 485/1997.
    b. R. D. 485/1995.
    c. R. D. 485/1998.
    d. Todas las opciones son incorrectas.

7. El orden de auxilio que se seguirá para hacer frente a un accidentado será:

    a. Proteger, socorrer y avisar.
    b. Socorrer, avisar y proteger.
    c. Avisar, socorrer y proteger.
    d. Proteger, avisar y socorrer.

8. **La normativa de prevención de riesgos laborares que estipula como obligación del empresario el tratamiento y evaluación de posibles situaciones de emergencia acontecidas en el centro de trabajo, y la adopción de medidas de primeros auxilios, es:**

    a. La Ley 31/95, de 20 de noviembre.
    b. La Ley 31/95, de 10 de noviembre.
    c. La Ley 31/95, de 8 de noviembre.
    d. Todas las opciones son incorrectas.

9. **Una buena manera de demostrar al público que una imprenta está comprometida con el cuidado del medioambiente es:**

    a. Disponer de la certificación FFS.
    b. Disponer del sello ISO 15001.
    c. Disponer de la certificación FFS y el sello ISO 15001.
    d. Todas las opciones son incorrectas.

10. **Un sistema UV requiere una seguridad añadida porque...**

    a. ... este tipo de sistema somete a constantes radiaciones a los operarios.
    b. ... este tipo de sistema genera ozono.
    c. ... este tipo de sistema emite partículas oxidantes.
    d. Todas las opciones son correctas.

Glosario

Acabado
Es la capacidad que tenga el sustrato de destellar la luz o no. Los acabados con características que reflejan mucha luz (brillantes) son los más resistentes.

Ángulo de trama
Característica que directamente afecta a la visión de un punto de la imagen. Su buena manipulación evitará efectos indeseados en el resultado final.

Arte final
Conjunto de tareas que permiten ajustar el material diseñado a un lenguaje informático conocido, que aporte la suficiente calidad y condiciones para ser reproducido en la imprenta en el soporte o sustrato elegido.

Banding
Es un defecto de impresión ocasionado por la irregularidad del suministro de tinta ofreciendo un resultado de pésima calidad.

Círculo cromático
Círculo de colores organizados que permite establecer reglas de color para realizar combinaciones correctas de color.

Color
El color puede definirse como el resultado óptico producido por nuestra vista, interpretado por el cerebro, dando como resultado un tono cuando incide la luz que contiene un espectro cromático.

Colores luz
Modelo cromático definido por colores primarios (rojo, verde y azul).

Colores pigmento
Modelo cromático definido por la gama CMYK.

Colorímetro

Instrumento a través del cual es posible medir el color y dotarle de valor simulando la visión humana. Este aparato sirve de gran ayuda, por ejemplo, para comprobar y respectar el color de una marca comercial.

Cuerpo de la letra

Es la técnica utilizada en el diseño gráfico que mide una letra o carácter y que trata de establecer una relación entre los elementos del texto (caracteres, párrafos, espacios, alineación, etc.). Permite conformar una familia tipográfica y establecer relaciones como las dimensiones, el tamaño o la altura. Hace posible que la composición sea fácilmente comprensible y visualmente atrayente para el cliente final. También recibe el nombre de cuerpo tipográfico.

CMYK

Siglas que representa al modelo cromático compuesto por los colores cian, magenta, amarillo y negro.

Datos

Elemento que contiene una información y permite acceder al conocimiento de un hecho.

Densitómetro

Instrumento que permite controlar aspectos muy importantes en la calidad de la impresión, y que en ocasiones son imperceptibles a simple vista por el ojo humano: desviaciones de color, contraste, densidad, errores de tonos, la eficacia de las tintas, etc.

Diseño gráfico

La labor realizada por el diseñador gráfico en la creación del documento (ya sea folleto, libro, revista, etc.) que, a través de un programa específico de maquetación para impresión digital, consigue obtener el archivo digitalizado.

Electrofotográfica

Método de impresión que permite imprimir directamente una imagen que es recibida por señales electrónicas que atraen las partículas de tóner líquido o en polvo.

Electrografía

Procedimientos diversos de impresión que puede utilizar o no formas de impresoras a papel.

Electrográfica tinta

Es un sistema electrográfico de impresión de tinta líquida que utiliza la mecánica de impulso para proyectar la tinta al área de impresión.

Electrográfica tóner

Es un sistema electrográfico de impresión de tóner seco que tiene la particularidad de fijar la imagen mediante carga eléctrica.

EPS

Es un tipo de formato de archivo digital que deriva del PDF pero de mayor peso, porque permite conservar originalmente los elementos incorporados en el archivo, ya sean estos imágenes o textos.

Escala de control

Registro estandarizado de color que permite poder realizar mediciones principalmente en la fase de preimpresión. Ayudan en el calibrado de los diferentes sistemas de la máquina.

Espectrodensitómetro

Instrumento que, además de controlar los pigmentos de las tintas, hace posible que puedan realizarse filtros para ofrecer colores diferentes.

Espectrofotómetro

Instrumento que hace posible el control de pigmentos incorporados en las tintas, ofreciendo datos e información relativa a la luminosidad, tonalidad y saturación.

Flujo de trabajo digital

Es una cadena de tareas inherentes a un proceso estándar de impresión, en el que el resultado son ejemplares listos para su distribución.

Forma del punto

La forma del punto de una imagen pixelada influye directamente en la nitidez de la imagen y en su calidad una vez que esta ha sido impresa. Si la forma es cuadrada, servirá para destacar contrastes altos y detalles de la imagen. La forma redonda es buena para imprimir imágenes más claras y con pocos detalles. Hay otras formas de los puntos como la elíptica, círculos concéntricos y líneas ondulantes, en función de si queramos un resultado más variable, destacado o sereno, respectivamente.

Fotocomposición

Es el área de trabajo en la fase de preimpresión, donde se realizan todas las tareas de diseño gráfico relacionadas con el texto.

Fotomecánica

Es el área de trabajo en la fase de preimpresión, donde se realizan todas las tareas de diseño gráfico relacionadas con la imagen.

Frontal digital
Proceso de rasterización, almacenamiento y fusión de datos e información, previo a la reproducción del documento.

Gramaje
Concepto que hace referencia al grosor de un soporte de impresión.

Hexacromía
Es un modelo de color similar a la gama CMYK, a la que se le ha añadido dos colores: el naranja (orange, en inglés) y verde (green, en inglés). Es posible decir que se trata de la gama CMYK evolucionada, siendo reconocida como CMYKOG.

Imágenes mapa bits
Son archivos también denominados ráster o bitmap, que son sometidos a las técnicas de rasterización para que la máquina pueda leer las instrucciones de impresión.

Imposición del trabajo
Viene a describir cómo se ordena el documento para facilitar la manipulación posterior a la impresión.

Impresión digital
Es aquel proceso que hace posible la directa reproducción a papel u otros materiales desde un documento electrónico o archivo digital, y que puede ser instruido desde diversos dispositivos mediante un proceso guiado por profesionales competencialmente preparados.

Impresora
Máquina que, asociada a un ordenador, reproduce información previamente almacenada en un archivo digital. La impresión se realiza usando tinta o láser (tóner). Puede ser de pequeño o gran formato e incorporar diversas tecnologías.

Inyección láser
Método de impresión que se caracteriza por la imprimación de la tinta o del tóner en polvo mediante una carga electroestática a través de un fino láser. La carga electroestática provoca que la tinta en polvo (tóner) quede fijada en el material.

Inyección de tinta
Método de impresión que permite imprimir directamente a través del goteo constante o a demanda de tinta líquida o tinta fusión, por medio de canales o bocas de impresión. Este método es el utilizado para la impresión de textiles, ya que la resistencia y durabilidad en el resultado así lo hace posible.

JPGE/JPJ
Es el formato de archivo digital más utilizado en revistas y libros, ya que el peso de estos archivos no es muy grande, a diferencia de otro tipo de formatos con el PNG.

Línea de trama
Corresponde al grado de nitidez y gama de tono de la imagen. A mayor línea, más tonos y más compleja será la impresión digital. Cada formato de soporte admite un número de líneas diferentes por pulgadas.

Litografía
Técnica de impresión que reproduce un grabado o dibujo en una superficie de piedra sobre la que se estampa el papel.

Lupa de aumento
Es una simple herramienta que permite aumentar el campo de visión de un área para detectar detalles de impresión.

Magnetografía
Método de impresión que permite imprimir directamente a través de la atracción electroestática formando la imagen en papel mediante el calor. Suele utilizarse habitualmente para trabajos relacionados con la impresión de invitaciones de boda, etc.

Nozzles
Orificios extremadamente pequeños que sirven de vías de salida de la tinta por los cabezales de impresión.

Impresión offset
Método de impresión tradicional que requiere de una matriz para la reproducción de documentos.

Paradigma
Modelo o patrón seguido por una comunidad.

Paradigma digital
Un nuevo concepto tecnológico en el que la tecnología digital cobra protagonismo y se asienta en el quehacer diario de las personas y las empresas.

PDF
Es el tipo de formato de archivo digital más democratizado, principalmente porque su lectura es fácil desde cualquier dispositivo.

Píxel
Unidad mínima de medida, exclusiva de una imagen digital.

Porcentaje de punto

Corresponde al porcentaje de negro o gris aplicable a una imagen pixelada que determina la tonalidad.

Plotter

Máquina que imprime de forma lineal, utilizada principalmente en ingeniería, arquitectura o diseño y cuyos trazados lineales los realiza mediante plumas con distintos colores.

Plotter de corte

Es un plotter que, además, dispone de unas cuchillas que permiten recortar el diseño obtenido.

Preflight

Es la tarea que consiste en el proceso de empaquetado del archivo digital.

Preimpresión

Proceso previo a la impresión, donde se crea un documento o archivo para dejarlo listo para el envío a la máquina de impresión.

PSD

Es el tipo de formato que más les gusta a programas tan conocidos como *Photoshop, Adobe Illustrator,* etc. Se caracteriza principalmente porque admite la edición conservando, si se desea, los tonos originales.

Rasterización (RIP)

Técnica de procesamiento que permite convertir una imagen gráfica vectorial en un acumulado de píxeles para que la impresora digital pueda darle curso y salida al producto. De alguna manera esta técnica traduce a la máquina de impresión el archivo digital, enviándole instrucciones precisas en un lenguaje programático que entiende la máquina para imprimir.

RAW

Es el tipo de formato de archivos resultante de las imágenes captadas por cámaras profesionales o cualquier otra que se haya podido configurar bajo esta conformación, también conocida como *en crudo.* La calidad es muy profesional, pudiendo ser controlados en el momento de la captación aspectos como la iluminación, color, profundidad, etc.

Recubrimiento

Es un material que, aplicado al sustrato de papel, consigue mostrar una mayor definición y colores más intensos en la impresión. Puede ser mate o brillante. Esta técnica de recubrimiento recibe el nombre de *estucado.*

RGB
Siglas que se utilizan para definir un modelo cromático (rojo-verde-azul).

Sistema entintador
Parte de un sistema de impresión cuya funcionalidad es la de proporcionar a la plancha la tinta necesaria para una impresión de calidad de forma constante y uniforme.

Sistema UV de impresión
Es una fórmula de impresión que consigue estampar digitalmente imágenes en materiales muy diversos, haciendo posible con una sola técnica imprimir en soportes muy dispares.

Soporte o sustrato
Se entiende por soporte o sustrato al elemento físico sobre el cual se presenta la solución de impresión digital, pudiendo ser de diferentes materiales.

Técnica
Arte o habilidad. Destrezas con las que se cuenta para realizar un trabajo o una labor.

Técnica de tramado
Puede definirse como una técnica de tratamiento de texturas o un arte de simulación de tonos y colores, que transforma la imagen original en puntos que, siendo estos dispersados, ofrecen un resultado de medios tonos.

Tecnología
Instrumentos, recursos o procedimientos procedentes de la innovación científica facilitando el progreso del campo o sector donde se apliquen.

Tecnología de impresión de imagen directa (DI)
Es una tecnología a través de la cual la máquina de impresión realiza su trabajo recibiendo la imagen en un formato digitalizado, y además dentro de la impresora se crea una plancha por medio del cabezal láser.

Tecnología de impresión sin impacto (NIP)
Es una tecnología a través de la cual la máquina de impresión realiza su trabajo sin necesidad de crear planchas, por lo que puede reproducir páginas impresas con información diferente.

Termografía
Método de impresión que permite imprimir directamente con un sistema de tinta a elevada temperatura. La impresión de la imagen es posible mediante la transferencia de calor. Se utiliza en aquellos productos que deseen mostrar una apariencia en relieve.

TIFF
Es un tipo de formato de archivo digital que ofrece el color más intenso y más real captado originalmente.

Tirada
Es un concepto que representa al conjunto de elementos idénticos que, a modo de ejemplares, nacen de una misma edición de impresión.

Tóner líquido
Tóner que tiene en su composición incorporado algún tipo de disolvente.

Tóner seco
Tóner que no tiene en su composición incorporado ningún disolvente.

Transformación digital
Proceso de cambio al que se somete una persona física o jurídica mediante el uso de las tecnologías.

Trama
Resultado del proceso de descomposición de una imagen en puntos.

Trapping
Es una técnica, también denominada *técnica de reventado,* que el especialista en diseño gráfico utiliza para ajustar los colores entre el archivo digital recibido y la máquina de impresión. Con esta técnica es posible la resolución de problemas o defectos visibles para asegurar la calidad final.

Usuario
Persona física o jurídica que utiliza internet como medio recurrente.

Visión global
Capacidad que posee una persona para identificar nuevas oportunidades de negocio en un entorno global.

Bibliografía

→ *Adobe.* Archivos PDF/X: imprime de forma más eficaz, de: < https://www.adobe.com/es/acrobat/resources/document-files/pdf-types/pdf-x.html>.

> Artículo oficial de Adobe que explica las variantes del formato PDF/X y su utilidad para mejorar la eficacia en procesos de impresión profesional.

→ *Adobe InDesign.* Guía usuario *InDesign,* de: <https://helpx.adobe.com/es/indesign/user-guide.html>.

> Manual de usuario del programa de diseño gráfico *InDesign.*

→ Ajuste de balance de densidad (secuencia de ajuste al cambiar de trama), de: <https://manuals.konicaminolta.eu/ineo-plus-1060L-1060-1070/ES/contents/id06-_100885481.html>.

> Instrucciones de Kónica para aprender a ajustar la densidad en la máquina de impresión.

→ Cómo escanear y digitalizar documentos desde el móvil o PC, de: < https://computerhoy.com/noticias/apps/como-escanear-digitalizar-documentos-movil-pc-74619>.

> Artículo para la digitalización de documentos desde dispositivos móviles o PC.

→ Cómo enviar los archivos a *HelloPrint,* de: <https://www.helloprint.es/instrucciones-de-envio>.

> Explicación de *HelloPrint* sobre cómo se realiza el envío de archivos digitales para ser transmitidos a la imprenta.

→ Cómo preparar archivos para impresión de manera correcta (arte final), de: <https://marianaeguaras.com/como-preparar-archivos-para-impresion-de-manera-correcta-arte-final/>.

> Artículo que explica la labor del diseñador gráfico en el arte final.

→ Guía de iluminación, de: <http://www.mcolorcontrol.com/archivos/L10-456_
IlluminationGuide_es.pdf>.

> Manual para aprender a seleccionar la iluminación adecuada para poder
> evaluar los productos.

→ Guía oficial de *InDesign 2024,* de:
<https://helpx.adobe.com/es/indesign/user-guide.html>.

> Manual oficial de *Adobe* que ofrece una guía completa sobre el uso de
> *InDesign 2024,* incluyendo herramientas, flujos de trabajo y buenas prácticas
> de diseño profesional.

→ Guía técnica de señalización de seguridad y salud en el trabajo, de: <https://
www.insst.es/InshtWeb/Contenidos/Normativa/GuiasTecnicas/Ficheros/
senal.pdf>.

> Guía de señalización para la seguridad en el trabajo.
>
> • La importancia del color en el diseño, de: <https://www.synergyweb.es/
> blog/la-importancia-del-color-en-el-diseno/>.
>
> Interesante artículo que trata sobre la influencia del color en el diseño.

→ La nueva certificación para procesos de impresión digital, de: <https://
solidacolor.es/psd-la-nueva-certificacion-para-procesos-de-impresion-digital/>.

> Artículo que trata sobre la certificación PSD para procesos de impresión
> digital.

→ Manual de imprenta. Aprende a enviar archivo para imprimir, de:
<https://www.helloprint.es/instrucciones-de-envio>.

> Guía de instrucciones para el envío de archivos digitales válidos a la imprenta
> online24.

→ Mejorador de imágenes AI en línea, de:
<https://www.piclumen.com/es/image-upscaler/>.

> Esta página describe el funcionamiento de un mejorador de imágenes
> impulsado por inteligencia artificial. Con él, se consigue aumentar la
> resolución de las imágenes de forma automática y eliminar imperfecciones
> para mejorar la calidad final de los archivos digitales.

→ Métodos de impresión sin impacto, de: <https://jesusgarciaj.com/impresion-
digital/metodos-de-impresion-sin-impacto/>.

> Artículo de Jesús García sobre los métodos de impresión sin impacto.

→ Representación de colores, de: <http://umh1058.edu.umh.es/wp-content/
uploads/sites/8/2018/10/Unidad_4.pdf>.

> Artículo sobre la reproducción cromática.

→ Tipografía: La esencia del diseño editorial, de: <https://maria-pascual.es/tipografia-la-esencia-del-diseno-editorial/>.

> Artículo que destaca la relevancia de la tipografía en el diseño editorial, explorando cómo su adecuada elección y aplicación puede mejorar la legibilidad y la estética de los proyectos.

→ Tipografía y maquetación gráfica. El pequeño manual de las grandes normas, de: <https://www.pixartprinting.es/blog/maquetacion-grafica/>.

> Manual sobre las principales reglas tipográficas y de maquetación para el diseño gráfico y la creación de archivos digitales.

→ Un repaso a la teoría del color, de: <http://www.escueladeartecollado.com/un-repaso-a-la-teoria-del-color/>.

> Artículo sobre el círculo cromático y la teoría del color.

→ Qué son las tramas para la impresión (y cómo funcionan), de: <https://www.pixartprinting.es/blog/tramas-impresion/>.

> Artículo que explica qué son las tramas y por qué son tan necesarias en la impresión digital.

→ Técnicas colorimétricas, de: <http://revista.cleu.edu.mx/new/descargas/1703/articulos/Articulo08_Tecnicas_colorimetricas.pdf>.

> Documento que profundiza sobre las técnicas colorimétricas.